黑龙江
50°
黑龙江
松花江
哈尔滨
45°
长
内蒙古自治区
沈阳
40°
北京市
辽宁
朝鲜
呼和浩特
135°
恒山
渤海
天津市
河北
韩国
银川
太原
石家庄
35°
山西
济南
泰山
山东
黄海
日本
陕西
黄
河
嵩山
郑州
西安
华山
江苏
河南
合肥
南京
太湖
30°
上海市
安徽
湖北
武汉
黄山
杭州
长
江
庐山
鄱阳湖
浙江
重庆市
洞庭湖
东海
南昌
长沙
江西
湖南
25°
贵州
衡山
福州
福建
贵阳
台北
北回帰線
130°
台湾海峡
台湾
广西壮族自治区
广东
广州
南宁
西江
澳门
香港
20°
南
海口
南海
0
400
800km
海南
110°
115°
120°
125°

赤シート付

読み 書き 話す ＋ 聴く

中国語の基本

ステップアップ編

新谷秀明
王　宇南

朝日出版社

音声ダウンロード

音声再生アプリ「リスニング・トレーナー」新登場（無料）

朝日出版社開発のアプリ、「リスニング・トレーナー（リストレ）」を使えば、教科書の音声をスマホ、タブレットに簡単にダウンロードできます。どうぞご活用ください。

まずは「リストレ」アプリをダウンロード

› App Store はこちら

› Google Play はこちら

アプリ【リスニング・トレーナー】の使い方

❶ アプリを開き、「**コンテンツを追加**」をタップ

❷ QR コードをカメラで読み込む

❸ QR コードが読み取れない場合は、画面上部に 45345 を入力し「Done」をタップします

Web ストリーミング音声

http://text.asahipress.com/free/ch/stepup

はじめに

本テキストは、初級中国語をすでに習得した人を対象にした準中級中国語テキストです。本テキストのねらいは、会話・リスニング・文法・作文などの総合的な中国語力を高めるとともに、中国の伝統文化と社会についての理解を深めることです。本テキストは週一回の授業で、一年間で無理なく学び終えることを想定し、12課立てで編まれています。教え方によっては通年のクラスだけでなく、セメスター制のクラスでも使えると思います。巻頭には「初級文法のおさらい」として、本テキストの学習に取り組む上で把握しておきたい文法事項をまとめました。復習や確認の際にお役立てください。

各課は「本文」、「文法事項」、「練習問題」、「聞き取り問題」という4つの部分で構成されています。「本文」および「文法事項」は、日本人と中国人の登場人物による会話文を中心として、学習者が初級で習った基礎文型をしっかり固めるとともに、36の新しい文法事項を徐々に導入し、準中級の語彙・表現を身につけることを目指します。「練習問題」には会話文に出た新しい文法事項を繰り返し練習するだけでなく、その課の会話内容をまとめた短文も置き、しっかりと暗記していただきたいと考えています。「聞き取り問題」は使用頻度の高い語彙・表現を取り入れています。豊富な問題を通して、より実践的なコミュニケーション能力を養い、使える中国語を身につけることを願っています。

本テキストの作成にあたっては、朝日出版社の中西陸夫編集長と編集者の新美朱理さん、デザイン担当の小熊未央さんから多大なるお力添えをいただきました。ご協力くださった皆さまに、心より感謝申し上げます。

著　者

2020年夏

目次

初級文法のおさらい

◆人称代名詞

	一人称	二人称	三人称		
単数	我 wǒ （私）	你・您 nǐ　nín （あなた）	他 tā （彼）	她 tā （彼女）	它 tā （それ）
複数	我们 wǒmen （私たち）	你们 nǐmen （あなたたち）	他们 tāmen （彼ら）	她们 tāmen （彼女たち）	它们 tāmen （それら）

◆指示代詞

近称	遠称
这（これ） zhè　这个（この） zhègè　这么（こんなに） zhème	那（それ・あれ） nà　那个（その、あの） nàge　那么（そんなに、あんなに） nàme

◆量詞

指示詞 ＋ 数詞 ＋ 量詞 ＋ 名詞

※数詞が“一”の場合、数詞を省略できます。⇒ **指示詞 ＋ 量詞 ＋ 名詞**

这个人 zhè ge rén　　一个人 yí ge rén　　那两台电脑 nà liǎng tái diànnǎo
四杯茶 sì bēi chá　　五只猫 wǔ zhī māo　　六瓶啤酒 liù píng píjiǔ
七张票 qī zhāng piào　　八本书 bā běn shū　　九条烤鱼 jiǔ tiáo kǎoyú
十件衣服 shí jiàn yīfu

◆方位詞

単純方位詞

东	南	西	北	上	下	左	右	前	后	里	外	旁	对
dōng	nán	xī	běi	shàng	xià	zuǒ	yòu	qián	hòu	lǐ	wài	páng	duì

合成方位詞　〈単純方位詞 ＋ 边 / 面〉

※“边 bian”や“面 mian”は軽声で読む。“旁边 pángbiān”、“对面 duìmiàn”は例外。

	东	南	西	北	上	下	前	后	左	右	里	外	旁	对
边	东边	南边	西边	北边	上边	下边	前边	后边	左边	右边	里边	外边	旁边	
面	东面	南面	西面	北面	上面	下面	前面	后面	左面	右面	里面	外面		对面

◆副詞

也	「も」	她也是学生。	Tā yě shì xuésheng.
都	「すべて、みな」	我们都去图书馆。	Wǒmen dōu qù túshūguǎn.
很	「とても」	我很忙。	Wǒ hěn máng.
非常	「とても、非常に」	面包非常好吃。	Miànbāo fēicháng hǎo chī.
一起	「一緒に」	我们一起去。	Wǒmen yìqǐ qù.
就	条件と結果をつなぐ	天气好我就去。	Tiānqì hǎo wǒ jiù qù.

◆疑問詞

谁 shéi「だれ」　　哪儿 nǎr / 哪里 nǎlǐ「どこ」　　什么 shénme「なに」

怎么	zěnme	「どのように」、「どうして」
几	jǐ	「いくつ」(10 以下の数を尋ねる)
多少	duōshao	「いくつ」(数の制限なし)
什么时候	shénme shíhou	「いつ」
多长	duōcháng	長さを尋ねる
多长时间	duōcháng shíjiān	時間の長さを尋ねる
多大	duōdà	大きさ、年齢を尋ねる
多远	duōyuǎn	距離を尋ねる
多高	duōgāo	高さを尋ねる
多重	duōzhòng	重量を尋ねる

◆前置詞

从　動作や時間の起点・経由点を示し「～から」

从上海坐飞机。 Cóng Shànghǎi zuò fēijī.

到　動作や時間の終点を示し「～まで(に、へ)」

从宿舍到学校骑自行车 15 分钟。

Cóng sùshè dào xuéxiào qí zìxíngchē shíwǔ fēnzhōng.

在　動作の行われる場所を示し「～で(…する)」

她在学校食堂吃饭。 Tā zài xuéxiào shítáng chī fàn.

给　動作の対象を示し「～に(…する)」

妈妈给弟弟买书。 Māma gěi dìdi mǎi shū.

离　ある場所からの距離を示し「～から」

我家离这儿不远。 Wǒ jiā lí zhèr bù yuǎn.

◆助動詞

想　「〜したい」

她想去中国留学。Tā xiǎng qù Zhōngguó liúxué.

要　「〜したい」、「〜しなければならない」、「〜するつもりだ」

我要回家。Wǒ yào huíjiā.

不要　「〜してはいけない」、「〜しないでください」

喝酒以后不要开车。Hē jiǔ yǐhòu bú yào kāichē.

得　「〜しなければならない」、「〜する必要がある」

学生得好好儿学习。Xuésheng děi hǎohāor xuéxí.

否定するときは、“不用”を用いる。「〜しなくてもよい」、「〜する必要がない」

今天不用去图书馆还书。Jīntiān búyòng qù túshūguǎn huán shū.

可以　「〜してもよい」

那里可以游泳。Nàlǐ kěyǐ yóuyǒng.

不可以 / 不能　「〜してはいけない」

这里不能吸烟。Zhèlǐ bùnéng xī yān.

会

①「(学習、訓練、練習などによって)〜することができる」　鸟会飞。Niǎo huì fēi.

②「〜だろう」「〜するはずだ」　明天不会下雨。Míngtiān bú huì xià yǔ.

能

① 客観的な条件があって「〜できる」

我今天喝酒了，不能开车。Wǒ jīntiān hē jiǔ le, bù néng kāi chē.

② 具体的な能力を示して「〜できる」　※注意：“不能”は禁止の意味がある

她能游一千米。Tā néng yóu yìqiān mǐ.

◆語気助詞

吧

①「〜でしょう？」　你们是留学生吧？ Nǐmen shì liúxuéshēng ba?

②「〜しましょう、〜しなさい」　我们一起去吧。 Wǒmen yìqǐ qù ba.

呢　名詞 ＋ 呢?　「〜は？」

我是日本人，你呢？ Wǒ shì Rìběnrén, nǐ ne?

◆動詞述語文

肯定文	主語 ＋ 動詞（＋目的語）	他去北京。	Tā qù Běijīng.
否定文	主語＋ 不 ＋ 動詞（＋目的語）	他不去北京。	Tā bú qù Běijīng.
一般疑問文	主語 ＋ 動詞（＋目的語）＋ 吗？	他去北京吗？	Tā qù Běijīng ma?
反復疑問文	主語 ＋ 動詞の肯定形 ＋ 否定形（＋目的語）？	他去不去北京？	Tā qù bu qù Běijīng?
疑問詞疑問文	主語 ＋ 動詞 ＋ 疑問詞？	他去哪儿？	Tā qù nǎr?

◆形容詞述語文

肯定文	主語 ＋ 副詞 ＋ 形容詞	我很忙。	Wǒ hěn máng.
否定文	主語 ＋ 不／不太 ＋ 形容詞	我不忙。	Wǒ bù máng.
一般疑問文	主語（＋副詞）＋ 形容詞＋ 吗？	你忙吗？	Nǐ máng ma?
反復疑問文	主語 ＋ 形容詞の肯定形 ＋ 否定形？	你忙不忙？	Nǐ máng bu máng?

◆完了や変化をあらわす「了」

① 動作、行為の完了を表すアスペクト（動態）助詞

動詞 ＋了 ＋ 修飾語 ＋ 目的語

我吃了一个面包。Wǒ chīle yí ge miànbāo.　否定：我没吃面包。Wǒ méi chī miànbāo.

② 状況の変化や新事態の発生を表す文末の語気助詞

（ある状況）＋了　已经十二点了。Yǐjīng shí'èr diǎn le.

③ 語気助詞とアスペクト助詞を兼ねる

動詞（＋目的語）＋了　他走了。Tā zǒu le.

④ 語気助詞とアスペクト助詞の併用

動詞 ＋ 了（＋修飾語）＋ 目的語 ＋了
（ある状況）

我吃了饭了。Wǒ chīle fàn le.　否定：我（还）没吃饭。Wǒ (hái) méi chī fàn.

◆動作・行為の進行を表す

（正）在　＋ 動詞（＋目的語）　「～をしている」

我（正）在听音乐。 Wǒ (zhèng) zài tīng yīnyuè.

◆状態の持続を表す

動詞 ＋ 着（＋目的語）　「～ている／～てある」

窗户开着。 Chuānghu kāizhe.

◆経験を表す

動詞 ＋ 过　「～したことがある」　他去过中国。 Tā qùguo Zhōngguó.

否定　没（有）＋ 動詞 ＋ 过　「～したことがない」

他没（有）去过中国。 Tā méi (yǒu) qùguo Zhōngguó.

◆方向補語

	上 shàng	下 xià	进 jìn	出 chū	过 guò	回 huí	起 qǐ
来 lái	上来	下来	进来	出来	过来	回来	起来
去 qù	上去	下去	进去	出去	过去	回去	

※白い部分が単純方向補語、色のついた部分が複合方向補語。

◆様態補語　動詞 ＋ 得 ＋ 様態補語

目的語が必要な場合　目的語 ＋ 動詞 ＋ 得 ＋ 様態補語

あるいは　動詞 ＋ 目的語 ＋ 前と同じ動詞 ＋ 得 ＋ 様態補語

他昨天睡得很晚。　Tā zuótiān shuìde hěn wǎn.

她英语说得很好。　Tā Yīngyǔ shuōde hěn hǎo.

她说英语说得很好。　Tā shuō Yīngyǔ shuōde hěn hǎo.

◆連動文　動詞１（＋目的語１）＋ 動詞２（＋目的語２）

他去书店买书。 Tā qù shūdiàn mǎi shū.

◆主述述語文　「～は…が…だ」

主語１ ＋　述語１
（主語２＋述語２）

今天天气很好。 Jīntiān tiānqì hěn hǎo.

◆存現文

場所を表す語句 ＋ 動詞 ＋ 人／モノ

※通常、述語動詞の後ろに“着”、“了”や補語などの成分を伴う。

墙上挂着一幅画。 Qiáng shang guàzhe yì fú huà.

◆比較の表現

比　A ＋ 比 ＋ B ＋ 比較の結果　「ＡはＢより～」

这个苹果比那个苹果大一点儿。 Zhège píngguǒ bǐ nàge píngguǒ dà yìdiǎnr.

没（有）、不如　A ＋ 没（有）/不如＋ B ＋形容詞　「ＡはＢほど～ない」

火车不如飞机快。 Huǒchē bùrú fēijī kuài.

◆動詞の重ね型と“一下”「少し～してみる」

这是什么？　给我看看（看一看 / 看一下）。
Zhè shì shénme?　Gěi wǒ kànkan(kàn yi kàn/kàn yíxià)

我给你介绍介绍（介绍一下）。
Wǒ gěi nǐ jièshàojieshao (jièshào yíxià).

◆年月日の言い方

年 nián「年」　月 yuè「月」　日 rì（文語）/ 号 hào（口語）「日」

一九九一年二月七日 yī jiǔ jiǔ yī nián èr yuè qī rì

◆曜日の言い方

月曜日	火曜日	水曜日	木曜日	金曜日	土曜日	日曜日	
星期一 xīngqīyī	星期二 xīngqī'èr	星期三 xīngqīsān	星期四 xīngqīsì	星期五 xīngqīwǔ	星期六 xīngqīliù	星期日 xīngqīrì	星期天 xīngqītiān
礼拜一 lǐbàiyī	礼拜二 lǐbài'èr	礼拜三 lǐbàisān	礼拜四 lǐbàisì	礼拜五 lǐbàiwǔ	礼拜六 lǐbàiliù	礼拜日 lǐbàirì	礼拜天 lǐbàitiān
周一 zhōuyī	周二 zhōu'èr	周三 zhōusān	周四 zhōusì	周五 zhōuwǔ	周六 zhōuliù	周日 zhōurì	

◆時刻の言い方

点 diǎn「時」　分 fēn「分」

※ 30分は“半 bàn”、15 分は“一刻 yíkè”、45 分は“三刻 sānkè”と言い換えることができる。

1時	1：05	2時	2：15	3：30
一点	一点零五（分）	两点	两点一刻	三点半
yī diǎn	yī diǎn líng wǔ(fēn)	liǎng diǎn	liǎng diǎn yí kè	sān diǎn bàn

◆時間量の表し方

一年	半年	两个月	三个星期	四天	五（个）小时
yì nián	bàn nián	liǎng ge yuè	sān ge xīngqī	sì tiān	wǔ(ge)xiǎoshí

半个小时	八分（钟）	一分钟	十秒（钟）
bàn ge xiǎoshí	bā fēn(zhōng)	yì fēnzhōng	shí miǎo(zhōng)

◆お金の言い方

人民币 Rénmínbì　日元 Rìyuán　美元 Měiyuán

多少钱？ duōshao qián「いくらですか」

中国元の単位（※ 1 元＝ 10 角＝ 100 分）

文語	元 yuán	角 jiǎo	分 fēn
口語	块 kuài	毛 máo	分 fēn

「10.50 元」⇒ 十元五角　shí yuán wǔ jiǎo

十块五（毛）　shí kuài wǔ (máo)　※口語では最後の単位は省略可能

第 1 课　方言
fāngyán

• 方言

本課で学習すること　"是～的"　結果補語 (1)　"把" 構文

本文

1

刘　丽丽： 佐藤，你 汉语 说得 真 好！
Liú Lìli: Zuǒténg, nǐ Hànyǔ shuōde zhēn hǎo!

佐藤和也： 谢谢！ 我 很 喜欢 学 汉语。
Zuǒténg Héyě: Xièxie! Wǒ hěn xǐhuan xué Hànyǔ.

刘　丽丽： 你 是 在 哪儿 学 的 汉语？
Nǐ shì zài nǎr xué de Hànyǔ?

佐藤和也： 我 在 上海 留过 学，是 在 上海 学 的 汉语。
Wǒ zài Shànghǎi liúguo xué, shì zài Shànghǎi xué de Hànyǔ.

刘　丽丽： 你 会 说 上海话 吗？
Nǐ huì shuō Shànghǎihuà ma?

佐藤和也： 我 不 会，你 会 吗？
Wǒ bú huì, nǐ huì ma?

刘　丽丽： 我 也 不 会。
Wǒ yě bú huì.

但是 我 会 说 四川话，因为 我妈妈 是 四川人。
Dànshì wǒ huì shuō Sìchuānhuà, yīnwèi wǒ māma shì Sìchuānrén.

佐藤和也： 中国 的 国土 面积 这么 大，一定 有 很多 方言 吧？
Zhōngguó de guótǔ miànji zhème dà, yídìng yǒu hěnduō fāngyán ba?

刘　丽丽： 是的，各地 的 方言 差异 很大，
Shìde, gèdì de fāngyán chāyì hěn dà,

所以 很多 电视节目 有 字幕。
suǒyǐ hěn duō diànshì jiémù yǒu zìmù.

佐藤和也： 我 还是 先 把 普通话
Wǒ háishi xiān bǎ pǔtōnghuà

学好 吧！
xuéhǎo ba!

語句 2

□方言 fāngyán 方言 □上海话 Shànghǎihuà 上海方言 □四川话 Sìchuānhuà 四川方言 □因为～ yīnwèi～（原因・理由を示し）～のために □所以～ suǒyǐ～ だから～ □国土 guótǔ 国土 □面积 miànji 面積 □一定 yídìng きっと □各地 gèdì 各地 □差异 chāyì 差 □电视节目 diànshì jiémù テレビ番組 □字幕 zìmù 字幕 □先 xiān 先に □普通话 pǔtōnghuà 現代中国語の標準語

文法事項

1 “是～的” 3

すでに完了したことに対し、「いつ・どこで・だれが・どのように」行ったのかを強調して述べる文。動詞が目的語を伴う場合、目的語は“的”の後に置くことが多い。

※否定文以外は“是”を省略できる。

他（是）昨天来的。	Tā (shì) zuótiān lái de.
你（是）在哪儿买的衣服？	Nǐ (shì) zài nǎr mǎi de yīfu?
我不是和她一起去的。	Wǒ bú shì hé tā yìqǐ qù de.
你（是）坐地铁来的吧？	Nǐ (shì) zuò dìtiě lái de ba?

2 結果補語（1） 4

動詞の後ろに動詞や形容詞を置いて、動作・行為の結果がどうなったかを表す。たとえば

学好	xuéhǎo	学ぶ＋満足な状態になる	➡	マスターする、身につける
拿走	názǒu	持つ＋行く	➡	持っていく
吃完	chīwán	食べる＋終わる	➡	食べ終わる
听懂	tīngdǒng	聴く＋分かる	➡	聴いて分かる
打扫干净	dǎsǎo gānjìng	掃除する＋きれい	➡	掃除してきれいにする

3 “把”構文 5

“把”を用い、目的語（特定のもの）を動詞の前に引き出し、目的語に対して何らかの処置を施すことを強調する。“処置文”とも呼ばれる。

主語＋把＋A＋動詞＋その他の成分　「Aを～する」

「A」：動作の対象

「その他の成分」：“了”や補語、動詞の重ね型など

他把书拿走了。	Tā bǎ shū názǒu le.
你把作业写完了吗？	Nǐ bǎ zuòyè xiěwán le ma?
我一定要把汉语学好！	Wǒ yídìng yào bǎ Hànyǔ xuéhǎo!
请把房间打扫打扫。	Qǐng bǎ fángjiān dǎsǎodasao.

語句 6

□拿 ná 持つ、取る □走 zǒu 行く、歩行する □懂 dǒng 理解する、わかる □打扫 dǎsǎo 掃除する □干净 gānjìng きれいである、清潔である □作业 zuòyè 宿題 □房间 fángjiān 部屋

練習問題

7

1 下記の短文を音読し、日本語に訳しましょう。

中国 的 国土 面积 很 大，人口 很 多，有 很多 方言。有 些
Zhōngguó de guótǔ miànji hěn dà, rénkǒu hěn duō, yǒu hěnduō fāngyán. Yǒu xiē
方言 和 普通话 的 差异 很 大，所以 在 中国 很多 电视 节目 有 字幕。
fāngyán hé pǔtōnghuà de chāyì hěn dà, suǒyǐ zài Zhōngguó hěnduō diànshì jiémù yǒu zìmù.
普通话 是 现代 汉语 的 标准语，学好 普通话 很 重要。
Pǔtōnghuà shì xiàndài Hànyǔ de biāozhǔnyǔ, xuéhǎo pǔtōnghuà hěn zhòngyào.

2 次の語群から適当な動詞と結果補語を選び、空欄に入れて文を完成させ、日本語に訳しましょう。

听	看	打扫	完	懂	干净
tīng	kàn	dǎsǎo	wán	dǒng	gānjìng

日本語訳

① 他说的上海话你能＿＿＿＿＿吗？
Tā shuō de Shànghǎihuà nǐ néng ma?

② 这本书我还没＿＿＿＿＿。
Zhè běn shū wǒ hái méi

③ 我想把房间＿＿＿＿＿。
Wǒ xiǎng bǎ fángjiān

3 語句を並べ替えて文を作り、日本語に訳しましょう。

① 茶・喝・了・把・我・完
chá hē le bǎ wǒ wán

中国語文　　日本語訳

② 是・你・什么时候・的・回来？
shì nǐ shénme shíhou de huílai

中国語文　　日本語訳

③ 吧・把・走・钱・他・了・拿？
ba bǎ zǒu qián tā le ná

中国語文　　日本語訳

④ 把・谁・的・面包・了・我・吃？
bǎ shéi de miànbāo le wǒ chī

中国語文　　日本語訳

⑤ 北京・的・来・不是・我・从
Běijīng de lái bú shì wǒ cóng

中国語文　　日本語訳

聞き取り問題

8

1 音声を聞いてピンインと簡体字で書き取り、日本語に訳しましょう。

ピンイン	中国語	日本語
①		
②		
③		
④		
⑤		

9

2 音声を聞いて中国語で書き取り、さらに本文の内容に従って中国語で答えましょう。

① 問

答

② 問

答

③ 問

答

④ 問

答

⑤ 問 （＊为什么 wèishénme どうして）

答

10

3 音声を聞いて、次の質問に対する答えとして適切なものを選びましょう。

① 他是哪天来的？
Tā shì nǎtiān lái de?
(a) 昨天 zuótiān　(b) 今天 jīntiān　(c) 前天 qiántiān

② 他是怎么来的？
Tā shì zěnme lái de?
(a) 骑自行车 qí zìxíngchē　(b) 坐火车 zuò huǒchē　(c) 坐飞机 zuò fēijī

③ 他是和谁一起来的？
Tā shì hé shéi yìqǐ lái de?
(a) 他爸爸 tā bàba　(b) 他哥哥 tā gēge　(c) 他弟弟 tā dìdi

第 2 课　民族
mínzú

本課で学習すること　"除了～（以外/之外）"　"不仅～也/还…"　"（如果）～的话"、"如果～"

本文　11

刘　丽丽：佐藤，你 知道 中国 一共 有 多少 个 民族 吗？
Zuǒténg, nǐ zhīdào Zhōngguó yígòng yǒu duōshao ge mínzú ma?

佐藤和也：有 56 个 民族 吧？
Yǒu wǔshíliù ge mínzú ba?

刘　丽丽：是的，除了 汉族 以外，其他 55 个 都 是 少数 民族。
Shìde, chúle Hànzú yǐwài, qítā wǔshíwǔ ge dōu shì shǎoshù mínzú.

佐藤和也：少数 民族 有 自己 的 语言 和 文字 吗？
Shǎoshù mínzú yǒu zìjǐ de yǔyán hé wénzì ma?

刘　丽丽：很多 少数 民族 有，比如 蒙古族、朝鲜族 等等。
Hěn duō shǎoshù mínzú yǒu, bǐrú Měnggǔzú、Cháoxiǎnzú děngděng.

佐藤和也：他们 会 说 汉语 吗？
Tāmen huì shuō Hànyǔ ma?

刘　丽丽：汉语 在 学校 里 是 必修课，所以 大部分 少数 民族
Hànyǔ zài xuéxiào lǐ shì bìxiūkè, suǒyǐ dàbùfen shǎoshù mínzú

不仅 会 说 自己 的 母语，也 会 说 汉语。
bùjǐn huì shuō zìjǐ de mǔyǔ, yě huì shuō Hànyǔ.

佐藤和也：我 很 喜欢 少数 民族 文化，特别 是 传统 服饰。
Wǒ hěn xǐhuan shǎoshù mínzú wénhuà, tèbié shì chuántǒng fúshì.

刘　丽丽：我 也 很 喜欢。不仅 传统 服饰 各 有 特色，
Wǒ yě hěn xǐhuan. Bùjǐn chuántǒng fúshì gè yǒu tèsè,

各 民族 的 饮食 习惯 也 大不相同。
gè mínzú de yǐnshí xíguàn yě dà bù xiāngtóng.

佐藤和也：有 机会 的 话，我 想 多 结识 一些
Yǒu jīhuì de huà, wǒ xiǎng duō jiéshí yìxiē

少数 民族 的 朋友！
shǎoshù mínzú de péngyou!

語句 12

□民族 mínzú 民族　□知道 zhīdào 知っている　□除了～以外 chúle～yǐwài～ を除いて　□汉族 Hànzú 漢族　□其他 qítā その他　□少数 shǎoshù 少数　□语言 yǔyán 言語　□文字 wénzì 文字　□比如 bǐrú たとえば　□蒙古族 Měnggǔzú モンゴル族　□朝鲜族 Cháoxiǎnzú 朝鮮族　□等等 děngděng など　□必修课 bìxiūkè 必修科目　□大部分 dàbùfen 大半　□不仅～也… bùjǐn～yě… ～だけでなく…も　□母语 mǔyǔ 母語　□传统 chuántǒng 伝統　□文化 wénhuà 文化　□特别 tèbié 特に、とりわけ　□服饰 fúshì 衣服と装身具　□各有特色 gè yǒu tèsè それぞれには特色がある　□各 gè 各　□饮食 yǐnshí 飲食　□习惯 xíguàn 習慣　□大不相同 dà bù xiāngtóng 大きく異なる　□(如果)～的话 (rúguǒ)～de huà もし～ならば　□结识 jiéshí 知り合う　□一些 yìxiē (不定の数量を表す) いくつかの

文法事項

1 "除了～(以外／之外)"「～を除いて」、「～のほか」 13

除了你，其他人都来了。 Chúle nǐ, qítā rén dōu lái le.

除了星期日以外，我每天都打工。 Chúle xīngqīrì yǐwài, wǒ měitiān dōu dǎgōng.

除了游泳之外，我还喜欢跑步。 Chúle yóuyǒng zhīwài, wǒ hái xǐhuan pǎobù.

2 "不仅～也／还…"「～だけでなく…も」 14

这个面包不仅好吃，也很便宜。 Zhè ge miànbāo bùjǐn hǎochī, yě hěn piányi.

不仅喜欢运动，我还喜欢弹钢琴和画画。 Bùjǐn xǐhuan yùndòng, wǒ hái xǐhuan tán gāngqín hé huà huà.

他不仅帅，还很聪明。 Tā bùjǐn shuài, hái hěn cōngmíng.

3 "(如果)～的话"、"如果～"「もし～ならば」 15

如果有时间的话，请来我家喝茶吧。 Rúguǒ yǒu shíjiān de huà, qǐng lái wǒ jiā hē chá ba.

如果你想学，我可以教你。 Rúguǒ nǐ xiǎng xué, wǒ kěyǐ jiāo nǐ.

不喜欢的话，你可以不买。 Bù xǐhuan de huà, nǐ kěyǐ bù mǎi.

語句 16

□游泳 yóuyǒng 泳ぐ　□跑步 pǎobù ジョギングする　□运动 yùndòng 運動、運動する　□弹钢琴 tán gāngqín ピアノを弾く　□画画 huà huà 絵を描く　□帅 shuài 恰好良い　□聪明 cōngmíng 賢い　□教 jiāo 教える

練習問題

🔊17

1 下記の短文を音読し、日本語に訳しましょう。

中国《Zhōngguó》一共《yígòng》有《yǒu》56个《wǔshíliù ge》民族《mínzú》。除了《Chúle》汉族《Hànzú》以外《yǐwài》，其他《qítā》55个《wǔshíwǔ ge》都《dōu》是《shì》少数《shǎoshù》民族《mínzú》。很《Hěn》多《duō》少数《shǎoshù》民族《mínzú》有《yǒu》自己《zìjǐ》的《de》语言《yǔyán》和《hé》文字《wénzì》。大部分《Dàbùfen》少数《shǎoshù》民族《mínzú》不仅《bùjǐn》会《huì》说《shuō》自己《zìjǐ》的《de》母语《mǔyǔ》，也《yě》会《huì》说《shuō》汉语《Hànyǔ》。少数《Shǎoshù》民族《mínzú》的《de》传统《chuántǒng》文化《wénhuà》各《gè》有《yǒu》特色《tèsè》，饮食《yǐnshí》习惯《xíguàn》也《yě》大《dà》不《bù》相同《xiāngtóng》。

……………………………………………………………………

……………………………………………………………………

……………………………………………………………………

2 次の語群から適当な言葉を選び、空欄に入れて文を完成させ、日本語に訳しましょう。

除了《chúle》　以外《yǐwài》　如果～的话《rúguǒ ～ de huà》　不仅～还…《bùjǐn ～ hái…》

日本語訳

① ＿＿＿他《tā》＿＿＿，我们都会说上海话《wǒmen dōu huì shuō Shànghǎihuà》。　……………………

② 坐地铁《Zuò dìtiě》＿＿＿便宜《piányi》，＿＿＿很快《hěn kuài》。　……………………

③ ＿＿＿你来我家《nǐ lái wǒ jiā》＿＿＿，我给你做中国菜《wǒ gěi nǐ zuò Zhōngguócài》。　……………………

④ ＿＿＿你想去《nǐ xiǎng qù》＿＿＿，我和你一起去《wǒ hé nǐ yìqǐ qù》。　……………………

⑤ ＿＿＿我《wǒ》，其他同学都回家了《qítā tóngxué dōu huíjiā le》。　……………………

3 下記の文章を中国語に訳しましょう。

私たちのクラスは佐藤さん以外、みな中国人です。佐藤さんは中国語だけではなく、日本語と英語も話せます。もし機会があれば、佐藤さんはフランス語も勉強したいです。

……………………………………………………………………

……………………………………………………………………

聞き取り問題

🔊 18

1 音声を聞いてピンインと簡体字で書き取り、日本語に訳しましょう。

ピンイン	中国語	日本語
①		
②		
③		
④		
⑤		

🔊 19

2 音声を聞いて中国語で書き取り、さらに本文の内容に従って中国語で答えましょう。

① 問 ....

答 ....

② 問 ....

答 ....

③ 問 ....

答 ....

④ 問 ....

答 ....

⑤ 問 ....

答 ....

🔊 20

3 音声を聞いて、問いに対する答えを書きましょう。

① 他有什么爱好？ （＊爱好 àihào 趣味）
Tā yǒu shénme àihào?

答 ....

② 她喜欢运动吗？
Tā xǐhuan yùndòng ma?

答 ....

③ 他会画画吗？
Tā huì huà huà ma?

答 ....

第 3 课

传统 节日
chuántǒng jiérì

● 伝統的な祝祭日

本課で学習すること　"比起～"　副詞 "就"、"才"　"一边～一边…"

本文　21

刘　丽丽：佐藤，你 知道 农历 5 月 5 号 是 什么 日子 吗？
Zuǒténg, nǐ zhīdào nónglì wǔ yuè wǔ hào shì shénme rìzi ma?

佐藤和也：是 清明节 吗？
Shì qīngmíngjié ma?

刘　丽丽：不 是，清明节 是 公历 4 月 5 号 前后，
Bú shì, qīngmíngjié shì gōnglì sì yuè wǔ hào qiánhòu,

是 中国人 祭祖 和 扫墓 的 日子。
shì Zhōngguórén jìzǔ hé sǎomù de rìzi.

佐藤和也：哦。日本人 一般 在 8 月 中旬 扫墓。
Ò. Rìběnrén yìbān zài bāyuè zhōngxún sǎomù.

刘　丽丽：农历 5 月 5 号 是 中国 的 "端午节"，也 叫 "五月节"。
Nónglì wǔ yuè wǔ hào shì Zhōngguó de "duānwǔjié", yě jiào "wǔyuèjié".

佐藤和也：端午节 的 时候 家家户户 都 吃 粽子 吧？
Duānwǔjié de shíhou jiājiāhùhù dōu chī zòngzi ba?

刘　丽丽：是的，有 的 地方 还 举行 赛 龙舟 的 活动。
Shìde, yǒu de dìfang hái jǔxíng sài lóngzhōu de huódòng.

佐藤和也：原来 如此。比起 吃 粽子，我 更 喜欢 吃 月饼。
Yuánlái rúcǐ. Bǐqǐ chī zòngzi, wǒ gèng xǐhuan chī yuèbing.

刘　丽丽：中国人 在 中秋节 的 时候 吃 月饼，
Zhōngguórén zài zhōngqiūjié de shíhou chī yuèbing,

这 个 习俗 从 唐代 就 开始 了。
zhè ge xísú cóng tángdài jiù kāishǐ le.

佐藤和也：一边 赏月 一边 吃 月饼，
Yìbiān shǎngyuè yìbiān chī yuèbing,

真 幸福 啊！
zhēn xìngfú a!

語句 🔊22

□节日 jiérì 祝祭日　□农历（阴历） nónglì(yīnlì) 旧暦　□日子 rìzi 日　□清明节 qīngmíngjié 清明節　□公历（阳历） gōnglì(yánglì) 西暦　□前后 qiánhòu 前後　□祭祖 jìzǔ 祖先を祭る　□扫墓 sǎomù 墓参りする　□中旬 zhōngxún 中旬　□端午节 duānwǔjié 端午節　□家家户户 jiājiāhùhù どの家も　□粽子 zòngzi ちまき　□地方 dìfang ところ、場所　□举行 jǔxíng 挙行する　□赛龙舟 sài lóngzhōu ドラゴンボートレース　□活动 huódòng 行事、活動　□原来如此 yuánlái rúcǐ なるほど　□比起～ bǐqǐ ～ ～に比べると　□月饼 yuèbing 月餅　□中秋节 zhōngqiūjié 中秋節　□习俗 xísú 風俗習慣　□唐代 tángdài 唐代　□赏月 shǎngyuè 月見　□幸福 xìngfú しあわせ

文法事項

1 "比起～"「～に比べると」 🔊23

比起游泳，我更喜欢跑步。　Bǐqǐ yóuyǒng,wǒ gèng xǐhuan pǎobù.

比起中国菜，我觉得还是日本菜好吃。　Bǐqǐ Zhōngguócài, wǒ juéde háishì Rìběncài hǎochī.

比起中秋节，春节更热闹。　Bǐqǐ zhōngqiūjié, chūnjié gèng rè'nao.

2 副詞"就"、"才" 🔊24

"就"はいろいろな意味をもつ副詞である。
ここでは、動作の発生が早いことを表す。「早くも」、「もう」

我每天早上5点就起床。　Wǒ měitiān zǎoshang wǔ diǎn jiù qǐchuáng.

我十年前就来日本了。　Wǒ shínián qián jiù lái Rìběn le.

我吃两个面包就饱了。　Wǒ chī liǎng ge miànbāo jiù bǎo le.

"才"は"就"の反対、動作の発生が遅いことを表す。「ようやく」、「やっと」

弟弟每天8点才起床。　Dìdi měitiān bādiǎn cái qǐchuáng.

我昨天晚上11点才回家。　Wǒ zuótiān wǎnshang shíyī diǎn cái huíjiā.

她40岁才结婚。　Tā sìshí suì cái jiéhūn.

3 "一边～一边…"「～しながら…する」 🔊25

※"一"を省略することがある

哥哥一边上学一边打工，很辛苦。　Gēge yìbiān shàngxué yìbiān dǎgōng, hěn xīnkǔ.

大家一边唱歌一边跳舞，真高兴！　Dàjiā yìbiān chànggē yìbiān tiàowǔ, zhēn gāoxìng!

語句 🔊26

□觉得 juéde 思う、感じる　□春节 chūnjié 春節　□热闹 rè'nao 賑やか　□起床 qǐchuáng 起床する　□饱 bǎo 腹がいっぱいである　□结婚 jiéhūn 結婚する　□辛苦 xīnkǔ 苦労する、つらい　□唱歌 chànggē 歌を歌う　□跳舞 tiàowǔ 踊りを踊る　□高兴 gāoxìng 楽しい、嬉しい

練習問題

27

1 下記の短文を音読し、日本語に訳しましょう。

清明节、 端午节、中秋节 和 春节 是 中国 的 四大 传统 节日。
Qīngmíngjié、 duānwǔjié、zhōngqiūjié hé chūnjié shì Zhōngguó de sì dà chuántǒng jiérì.

农历 1 月 1 日 是 春节，春节 是 中国 最 热闹 的 节日。公历 4 月 5 日
Nónglì yī yuè yī rì shì chūnjié, chūnjié shì Zhōngguó zuì rè'nao de jiérì. Gōnglì sì yuè wǔ rì

前后 是 清明节，清明节 是 中国人 祭祖 的 日子。农历 5 月 5 日 是
qiánhòu shì qīngmíngjié, qīngmíngjié shì Zhōngguórén jìzǔ de rìzi. Nónglì wǔ yuè wǔ rì shì

端午节，端午节 一般 吃 粽子，有的 地方 还 举行 赛 龙舟 的 活动。
duānwǔjié, duānwǔjié yìbān chī zòngzi, yǒude dìfang hái jǔxíng sài lóngzhōu de huódòng.

农历 8 月 15 日 是 中秋节，中秋节 吃 月饼 的 习俗 从 唐代 就 开始 了。
Nónglì bā yuè shíwǔ rì shì zhōngqiūjié, zhōngqiūjié chī yuèbing de xísú cóng tángdài jiù kāishǐ le.

2 次の語群から言葉を選び、空欄に入れて文を完成させ、日本語に訳しましょう。

一边～一边…	就	才	比起
yìbiān ～yìbiān…	jiù	cái	bǐqǐ

日本語訳

① ______ 我，他的汉语说得更好。
wǒ, tā de Hànyǔ shuōde gèng hǎo.

② 妈妈 ______ 看电视，______ 包饺子。
Māma kàn diànshì, bāo jiǎozi.

③ 已经 12 点了，他 ______ 来。
Yǐjīng shí'èr diǎn le, tā lái.

④ 他 23 岁 ______ 结婚了。
Tā èrshísān suì jiéhūn le.

⑤ ______ 喝茶，我还是喜欢喝咖啡。
hē chá, wǒ háishi xǐhuan hē kāfēi.

3 下記の文章を中国語に訳しましょう。

私は水泳よりもジョギングするほうが好きです。私は毎朝（早くも）6時に起きます。音楽を聴きながら走ります。弟は8時にようやく起きます。

聞き取り問題

28

1 音声を聞いてピンインと簡体字で書き取り、日本語に訳しましょう。

ピンイン	中国語	日本語
①		
②		
③		
④		
⑤		

29

2 音声を聞いて中国語で書き取り、さらに本文の内容に従って中国語で答えましょう。

① 問

答

② 問

答

③ 問

答

④ 問

答

⑤ 問

答

30

3 音声を聞いて、問いに対する答えを書きましょう。

① 她是从几岁开始学弹钢琴的？
Tā shì cóng jǐ suì kāishǐ xué tán gāngqín de?

答

② 比起弹钢琴，她更喜欢干什么？
Bǐqǐ tán gāngqín, tā gèng xǐhuan gàn shénme?

答

③ 她经常一边画画一边干什么？
Tā jīngcháng yìbiān huà huà yìbiān gàn shénme?

答

第4课

南方 和 北方
nánfāng hé běifāng

• 南方と北方

本課で学習すること　"地"　"的"　"得"　"以～为…"　"而～则…"

本文

31

佐藤和也：丽丽，你 是 南方人 还是 北方人？
Lìli, nǐ shì nánfāngrén háishì běifāngrén?

刘　丽丽：我 在 北京 出生，在 北京 长大，我 是 北方人。
Wǒ zài Běijīng chūshēng, zài Běijīng zhǎngdà, wǒ shì běifāngrén.

佐藤和也：中国 是 怎么 划分 南方 和 北方 的？
Zhōngguó shì zěnme huàfēn nánfāng hé běifāng de?

刘　丽丽：你 知道 长江 和 黄河 吗？
Nǐ zhīdào Chángjiāng hé Huánghé ma?

佐藤和也：知道，长江 和 黄河 在 日本 也 很 有名。
Zhīdào, Chángjiāng hé Huánghé zài Rìběn yě hěn yǒumíng.

刘　丽丽：简单 地 说，南方 以 长江 流域 为 中心，
Jiǎndān de shuō, nánfāng yǐ Chángjiāng liúyù wéi zhōngxīn,

而 北方 则 以 黄河流域 为 中心。
ér běifāng zé yǐ Huánghé liúyù wéi zhōngxīn.

佐藤和也：南方 和 北方 有 分界线 吗？
Nánfāng hé běifāng yǒu fēnjièxiàn ma?

刘　丽丽：有，一般 以 秦岭 和 淮河 为 南北方 的 分界线。
Yǒu, yìbān yǐ Qínlǐng hé Huáihé wéi nánběifāng de fēnjièxiàn.

佐藤和也：秦岭 是 山 吧？
Qínlǐng shì shān ba?

刘　丽丽：是的，秦岭 是 中国 历史 上
Shì de, Qínlǐng shì Zhōngguó lìshǐ shang

战争 故事 最 多 的 山脉 之一。
zhànzhēng gùshi zuì duō de shānmài zhī yī.

32

語句

□南方 nánfāng 南方　□北方 běifāng 北方　□出生 chūshēng 出生する　□长大 zhǎngdà 大きくなる　□怎么 zěnme どのように　□划分 huàfēn 分ける、区分する　□长江 Chángjiāng 長江　□黄河 Huánghé 黄河　□有名 yǒumíng 有名である　□简单 jiǎndān 簡単である　□地 de 文法事項を参照　□以～为… yǐ～wéi… ～を…とする　□流域 liúyù 流域　□中心 zhōngxīn 中心　□则 zé 文法事項を参照　□分界线 fēnjièxiàn 境界線　□秦岭 Qínlǐng 秦嶺山脈　□淮河 Huáihé 淮河　□历史 lìshǐ 歴史　□战争 zhànzhēng 戦争　□故事 gùshi 物語　□山脉 shānmài 山脈　□之一 zhī yī ～のひとつ

文法事項

1 "地(de)"　連用修飾語＋"地"＋動詞／形容詞　33

我很努力地练习发音。　Wǒ hěn nǔlì de liànxí fāyīn.
请你一定平安地回来。　Qǐng nǐ yídìng píng'ān de huílai.
天气渐渐地冷了。　Tiānqì jiànjiàn de lěng le.

"的"　連体修飾語＋"的"＋名詞

我的车 wǒ de chē　好吃的粽子 hǎochī de zòngzi　学汉语的课本 xué Hànyǔ de kèběn

"得"　動詞／形容詞＋"得"＋様態補語

学得很努力 xuéde hěn nǔlì　介绍得很详细 jièshàode hěn xiángxì　紧张得满头大汗 jǐnzhāngde mǎntóudàhàn

2 "以～为…"「～を…とする」　34

学生要以学习为主。　Xuésheng yào yǐ xuéxí wéi zhǔ.
我的生活以工作为中心。　Wǒ de shēnghuó yǐ gōngzuò wéi zhōngxīn.
我们的交往是以结婚为前提的。　Wǒmen de jiāowǎng shì yǐ jiéhūn wéi qiántí de.

3 "而～则…"「(前述したことに対して)、一方～のほうは…」　35

中国人端午节时吃粽子，而中秋节时则吃月饼。
Zhōngguórén duānwǔjié shí chī zòngzi, ér zhōngqiūjié shí zé chī yuèbing.

中国人在 4 月 5 日前后扫墓，而日本人则在 8 月中旬扫墓。
Zhōngguórén zài sì yuè wǔ rì qiánhòu sǎomù, ér Rìběnrén zé zài bā yuè zhōngxún sǎomù.

我的生活以学习为中心，而爸爸则以工作为中心。
Wǒ de shēnghuó yǐ xuéxí wéi zhōngxīn, ér bàba zé yǐ gōngzuò wéi zhōngxīn.

36

語句

□努力 nǔlì 努力する、努力　□练习 liànxí 練習する、練習　□发音 fāyīn 発音する、発音　□平安 píng'ān 無事である　□渐渐 jiànjiàn だんだん、次第に　□介绍 jièshào 紹介する、説明　□详细 xiángxì 詳しくて細かい　□紧张 jǐnzhāng 緊張する　□满头大汗 mǎntóudàhàn 汗だくだ　□主 zhǔ 最も重要なもの　□交往 jiāowǎng つきあう　□前提 qiántí 前提

練習問題

37

1 下記の短文を音読し、日本語に訳しましょう。

中国 以 秦岭 和 淮河 为 南北方 的 分界线。秦岭 的 地理 位置 很
Zhōngguó yǐ Qínlǐng hé Huáihé wéi nánběifāng de fēnjièxiàn. Qínlǐng de dìlǐ wèizhi hěn
重要，是 中国 历史 上 战争 故事 最 多 的 山脉 之一。淮河 在
zhòngyào, shì Zhōngguó lìshǐ shang zhànzhēng gùshi zuì duō de shānmài zhī yī. Huáihé zài
长江 和 黄河 之 间，是 中国 七大河 之 一。南方 以 长江 流域
Chángjiāng hē Huánghé zhījiān, shì Zhōngguó qī dà hé zhī yī. Nánfāng yǐ Chángjiāng liúyù
为 中心，而 北方 则 以 黄河 流域 为 中心。
wéi zhōngxīn, ér běifāng zé yǐ Huánghé liúyù wéi zhōngxīn.

………………………………………………

………………………………………………

………………………………………………

2 次の語群から適当な言葉を選び、空欄に入れて文を完成させ、日本語に訳しましょう。

的	地	得	以～为…	而～则…
de	de	de	yǐ ～wéi…	ér ～ zé …

日本語訳

① 他满头大汗 ______ 跑进来。　………………
Tā mǎntóudàhàn　pǎo jìnlai.

② 这是谁买 ______ 书？　………………
Zhè shì shéi mǎi　shū?

③ 他学汉语学 ______ 很努力。　………………
Tā xué Hànyǔ xué　hěn nǔlì.

④ 中国人喜欢喝茶，______ 美国人 ______ 喜欢喝咖啡。
Zhōngguórén xǐhuan hē chá,　Měiguórén　xǐhuan hē kāfēi.

………………………………………………

⑤ 你钢琴弹 ______ 真好！　………………
Nǐ gāngqín tán　zhēn hǎo!

⑥ 今天的汉语课 ______ 会话 ______ 主。　………………
Jīntiān de Hànyǔ kè　huìhuà　zhǔ.（＊会话 huìhuà 会話）

⑦ 这个月饼是我 ______。　………………
Zhè ge yuèbing shì wǒ

⑧ 他一边上学一边努力 ______ 打工。　………………
Tā yìbiān shàngxué yìbiān nǔlì　dǎgōng.

聞き取り問題

38

1 音声を聞いてピンインと簡体字で書き取り、日本語に訳しましょう。

	ピンイン	中国語	日本語
①			
②			
③			
④			
⑤			

39

2 音声を聞いて中国語で書き取り、さらに本文の内容に従って中国語で答えましょう。

① 問 ……………………

答 ……………………

② 問 ……………………

答 ……………………

③ 問 ……………………

答 ……………………

④ 問 ……………………

答 ……………………

⑤ 問 ……………………

答 ……………………

40

3 音声を聞いて、次の質問に対する答えとして適切なものを選びましょう。

① 她爸爸是哪里人？
Tā bàba shì nǎlǐ rén?
(a) 南方人 nánfāngrén　(b) 北方人 běifāngrén　(c) 日本人 Rìběnrén

② 她妈妈是什么民族？
Tā māma shì shénme mínzú?
(a) 汉族 Hànzú　(b) 蒙古族 Měnggǔzú　(c) 朝鲜族 Cháoxiǎnzú

③ 她爸爸汉语说得怎么样？
Tā bàba Hànyǔ shuōde zěnmeyàng?
(a) 不会说 bú huì shuō　(b) 说得不太好 shuōde bú tài hǎo　(c) 说得很好 shuōde hěn hǎo

第 5 课

中国菜《Zhōngguócài》

● 中華料理

本課で学習すること　"对～来说"　"并不 / 没（有）"　部分否定

本文　41

湘菜

川菜

粤菜

鲁菜

佐藤和也：丽丽《Lìli》，你《nǐ》 会《huì》 包《bāo》 饺子《jiǎozi》 吗《ma》？

刘　丽丽：会《Huì》！对《Duì》 我《wǒ》 来说《láishuō》 包《bāo》 饺子《jiǎozi》 太《tài》 简单《jiǎndān》 了《le》，我《wǒ》 还《hái》 会《huì》 做《zuò》 小笼包《xiǎolóngbāo》 呢《ne》。

佐藤和也：中国人《Zhōngguórén》 都《dōu》 会《huì》 包《bāo》 饺子《jiǎozi》 吗《ma》？

刘　丽丽：并《Bìng》 不是《bú shì》 所有《suǒyǒu》 中国人《Zhōngguórén》 都《dōu》 会《huì》 包《bāo》 饺子《jiǎozi》。北方人《Běifāngrén》 喜欢《xǐhuan》 吃《chī》 面食《miànshí》，所以《suǒyǐ》 会《huì》 包《bāo》 饺子《jiǎozi》 的《de》 人《rén》 比较《bǐjiào》 多《duō》。

佐藤和也：南方人《Nánfāngrén》 主食《zhǔshí》 喜欢《xǐhuan》 吃《chī》 什么《shénme》？

刘　丽丽：南方人《Nánfāngrén》 更《gèng》 喜欢《xǐhuan》 吃《chī》 米饭《mǐfàn》。你《Nǐ》 知道《zhīdào》 中国《Zhōngguó》 的《de》 八大菜系《bā dà càixì》 吗《ma》？

佐藤和也：北京菜《Běijīngcài》，四川菜《Sìchuāncài》，广东菜《Guǎngdōngcài》……，还有《háiyǒu》 什么《shénme》 菜《cài》？

刘　丽丽：八大菜系《Bā dà càixì》 指《zhǐ》 川菜《chuāncài》、湘菜《xiāngcài》、鲁菜《lǔcài》、粤菜《yuècài》、闽菜《mǐncài》、苏菜《sūcài》、浙菜《zhècài》，还有《háiyǒu》 徽菜《huīcài》。

苏菜

浙菜

佐藤和也：八大菜系《Bā dà càixì》 里《lǐ》 没有《méiyǒu》 北京菜《Běijīngcài》 啊《a》？

刘　丽丽：是的《Shìde》，北京菜《Běijīngcài》 其实《qíshí》 属于《shǔyú》 鲁菜《lǔcài》。

徽菜

闽菜

🔊 42

語句

□**包** bāo 包む　□**饺子** jiǎozi 餃子　□**对～来说** duì～láishuō ～にとって　□**小笼包** xiǎolóngbāo 小籠包　□**并不是** bìng búshì（予想に反して）～ない　□**所有** suǒyǒu すべての　□**面食** miànshí 小麦粉で作った食品　□**比较** bǐjiào 比較的　□**主食** zhǔshí 主食　□**米饭** mǐfàn ごはん　□**菜系** càixì 中華料理の種類　□**广东** Guǎngdōng 広東　□**指** zhǐ 指す　□**川** chuān 四川省の別称　□**湘** xiāng 湖南省の別称　□**鲁** lǔ 山東省の別称　□**粤** yuè 広東省の別称　□**闽** mǐn 福建省の別称　□**苏** sū 江蘇省の別称　□**浙** zhè 浙江省の別称　□**徽** huī 安徽省の別称　□**其实** qíshí 実は　□**属于** shǔyú ～属する

文法事項

1 "对～来说"「～にとって」 🔊 43

对我来说，英语比法语简单得多。　Duì wǒ lái shuō, Yīngyǔ bǐ Fǎyǔ jiǎndān de duō.

对佐藤来说，上海话太难了。　Duì Zuǒténg lái shuō, Shànghǎihuà tài nán le.

对中国人来说，
　中秋节是很重要的节日。　Duì Zhōngguórén lái shuō,
　zhōngqiūjié shì hěn zhòngyào de jiérì.

2 "并不／没（有）"「（予想に反して）～ない」 🔊 44

这个蛋糕很贵，但是并不好吃。　Zhè ge dàngāo hěn guì,dànshì bìng bù hǎochī.

其实我并不喜欢我现在的工作。　Qíshí wǒ bìng bù xǐhuan wǒ xiànzài de gōngzuò.

他说得很详细，但是我并没听懂。　Tā shuōde hěn xiángxì, dànshì wǒ bìng méi tīngdǒng.

3 部分否定　不／没（有）＋副詞※＋述語 🔊 45

※"所有"、"都"、"完全"などが用いられることが多い。
「所有」は「不是所有（的）……」の形になる。

不是所有人都想去。　Bú shì suǒyǒu rén dōu xiǎng qù.
（完全否定：所有人都不想去。）　Suǒyǒu rén dōu bù xiǎng qù.

老板说的话我没有完全听懂。　Lǎobǎn shuō de huà wǒ méiyǒu wánquán tīngdǒng.
（完全否定：老板说的话我完全没有听懂。）　Lǎobǎn shuō de huà wǒ wánquán méiyǒu tīngdǒng.

桌子上的东西我没都拿走。　Zhuōzi shang de dōngxi wǒ méi dōu názǒu.
（完全否定：桌子上的东西我都没拿走。）　Zhuōzi shang de dōngxi wǒ dōu méi názǒu.

他们不都是从德国来的。　Tāmen bù dōu shì cóng Déguó lái de.
（完全否定：他们都不是从德国来的。）　Tāmen dōu bú shì cóng Déguó lái de.

🔊 46

語句

□**法语** Fǎyǔ フランス語　□**蛋糕** dàngāo ケーキ　□**老板** lǎobǎn 店主、経営者　□**东西** dōngxi もの　□**德国** Déguó ドイツ

練習問題

47

1 下記の短文を音読し、日本語に訳しましょう。

鲁菜《Lǔcài》（山东菜《Shāndōngcài》）、川菜《chuāncài》（四川菜《Sìchuāncài》）、粤菜《yuècài》（广东菜《Guǎngdōngcài》）、闽菜《mǐncài》（福建菜《Fújiàncài》）、苏菜《sūcài》（江苏菜《Jiāngsūcài》）、浙菜《zhècài》（浙江菜《Zhèjiāngcài》）、湘菜《xiāngcài》（湖南菜《Húnáncài》）、徽菜《huīcài》（安徽菜《Ānhuīcài》）是《shì》 中国《Zhōngguó》 的《de》 八大菜系《bā dà càixì》。中国《Zhōngguó》 各地《gèdì》 的《de》 饮食《yǐnshí》 习惯《xíguàn》 大不相同《dà bù xiāngtóng》，八大菜系《bā dà càixì》 各《gè》 有《yǒu》 特色《tèsè》。北方人《Běifāngrén》 一般《yìbān》 喜欢《xǐhuan》 以《yǐ》 面食《miànshí》 为《wéi》 主食《zhǔshí》，而《ér》 南方人《nánfāngrén》 则《zé》 更《gèng》 喜欢《xǐhuan》 吃《chī》 米饭《mǐfàn》。

2 次の語群から適当な言葉を選び、空欄に入れて文を完成させ、日本語に訳しましょう。

対～来说《duì ～ láishuō》　所有《suǒyǒu》　并不《bìngbù》　都《dōu》　完全《wánquán》

日本語訳

① ______中国人《Zhōngguórén》______，饺子是主食《jiǎozi shì zhǔshí》。

② 我有很多钱，但是《Wǒ yǒu hěn duō qián, dànshì》______幸福《xìngfú》。

③ 并不是《Bìng búshì》______日本人《Rìběnrén》______喜欢吃寿司《xǐhuan chī shòusī》。

④ 我哥哥《Wǒ gēge》______比我高《bǐ wǒ gāo》。

⑤ 今天的汉语课我没有《Jīntiān de Hànyǔkè wǒ méiyǒu》______听懂《tīngdǒng》。

3 下記の文章を中国語に訳しましょう。

私の父は日本人で、母は中国人です。私は日本生まれ日本育ちです。私にとって、中国語は少し難しいです。母が話す中国語を、私は完全に分かるわけではありません。

聞き取り問題

🔊 48

1 音声を聞いてピンインと簡体字で書き取り、日本語に訳しましょう。

ピンイン	中国語	日本語
①		
②		
③		
④		
⑤		

🔊 49

2 音声を聞いて中国語で書き取り、さらに本文の内容に従って中国語で答えましょう。

① 問 ……………………

答 ……………………

② 問 ……………………

答 ……………………

③ 問 ……………………

答 ……………………

④ 問 ……………………

答 ……………………

⑤ 問 ……………………

答 ……………………

🔊 50

3 音声を聞いて、問いに対する答えを書きましょう。

① 这本书她看完了吗？

Zhè běn shū tā kànwán le ma?

答 ……………………

② 她看懂了吗？

Tā kàndǒng le ma?

答 ……………………

③ 这本书他看懂了吗？

Zhè běn shū tā kàndǒng le ma?

答 ……………………

第 6 课

中国茶《Zhōngguóchá》

● 中国のお茶

本課で学習すること　“越来越～”　疑問詞の不定用法　“尤其～”

本文　51

佐藤和也：丽丽《Lìli》， 中国人《Zhōngguórén》 喜欢《xǐhuan》 喝《hē》 茶《chá》 还是《háishì》 喝《hē》 咖啡《kāfēi》？

刘　丽丽：茶《Chá》 是《shì》 中国人《Zhōngguórén》 的《de》 传统《chuántǒng》 饮料《yǐnliào》，中国人《Zhōngguórén》 很《hěn》 喜欢《xǐhuan》 喝《hē》 茶《chá》。

但是《Dànshì》 现在《xiànzài》 喜欢《xǐhuan》 喝《hē》 咖啡《kāfēi》 的《de》 人《rén》 也《yě》 越来越《yuèláiyuè》 多《duō》 了《le》。

佐藤和也：你《Nǐ》 喜欢《xǐhuan》 喝《hē》 茶《chá》 还是《háishì》 喝《hē》 咖啡《kāfēi》？

刘　丽丽：哪个《Nǎ ge》 都《dōu》 喜欢《xǐhuan》。 但是《Dànshì》 我《wǒ》 不《bù》 喜欢《xǐhuan》 喝《hē》 凉《liáng》 茶《chá》，

我《wǒ》 喜欢《xǐhuan》 喝《hē》 热《rè》 茶《chá》， 尤其《yóuqí》 是《shì》 热《rè》 的《de》 茉莉花茶《mòlìhuāchá》。

佐藤和也：我《Wǒ》 没《méi》 喝过《hēguo》 花茶《huāchá》， 我《wǒ》 经常《jīngcháng》 喝《hē》 乌龙茶《wūlóngchá》 和《hé》 绿茶《lǜchá》。

刘　丽丽：在《Zài》 中国《Zhōngguó》， 南方人《nánfāngrén》 比较《bǐjiào》 喜欢《xǐhuan》 喝《hē》 乌龙茶《wūlóngchá》 和《hé》 绿茶《lǜchá》，

北方人《běifāngrén》 一般《yìbān》 喜欢《xǐhuan》 喝《hē》 花茶《huāchá》。

佐藤和也：那《Nà》 普洱茶《pǔ’ěrchá》 呢《ne》？

刘　丽丽：普洱茶《Pǔ’ěrchá》 属于《shǔyú》 黑茶《hēichá》， 普洱茶《pǔ’ěrchá》 在《zài》 全国《quánguó》 都《dōu》 很《hěn》 受欢迎《shòu huānyíng》。

佐藤和也：南方人《Nánfāngrén》 和《hé》 北方人《běifāngrén》 都《dōu》 喜欢《xǐhuan》 喝《hē》 热茶《rèchá》 吗《ma》？

刘　丽丽：是的《Shìde》。 但是《Dànshì》 现在《xiànzài》 瓶装茶《píngzhuāngchá》 越来越《yuèláiyuè》 多《duō》 了《le》，

所以《suǒyǐ》 喜欢《xǐhuan》 喝《hē》 凉茶《liángchá》 的《de》 人《rén》 也《yě》 多《duō》 了《le》。

52

語句

□饮料 yǐnliào 飲み物　□现在 xiànzài 今、現在　□越来越～ yuèláiyuè～ ますます～　□哪个 nǎge どれ、どの　□凉 liáng 冷たい、涼しい　□热 rè 温かい、熱い、暑い　□尤其 yóuqí とりわけ、特に　□茉莉花茶 mòlìhuāchá ジャスミン茶　□普洱茶 pǔ'ěrchá プーアル茶　□全国 quánguó 全国　□受欢迎 shòu huānyíng 歓迎される、人気がある　□瓶装茶 píngzhuāngchá ペットボトル入り、瓶入りのお茶

文法事項

1 "越来越～"「ますます～」 53

我的中国朋友越来越多了。　Wǒ de Zhōngguó péngyou yuèláiyuè duō le.

佐藤汉语说得越来越好了。　Zuǒténg Hànyǔ shuōde yuèláiyuè hǎo le.

丽丽越来越不喜欢运动了。　Lìli yuèláiyuè bù xǐhuan yùndòng le.

2 疑問詞の不定用法 54

a.「どこか、なにか、いくつか」

我在哪儿见过这个人。　Wǒ zài nǎr jiànguo zhège rén.

你有什么想说的话吗？　Nǐ yǒu shénme xiǎng shuō de huà ma?

姐姐想买几件新衣服。　Jiějie xiǎng mǎi jǐjiàn xīn yīfu.

b."疑問詞＋都/也"　強調表現「どこにも、なんでも、だれでも、どれも、いつでも」など

※"也"は基本的に否定文のみ用いる。

他昨天哪儿都没去。　Tā zuótiān nǎr dōu méi qù.

今天我什么都没干。　Jīntiān wǒ shénme dōu méi gàn.

谁都不喜欢生病。　Shéi dōu bù xǐhuan shēngbìng.

你做的菜，哪个都好吃。　Nǐ zuò de cài, nǎge dōu hǎochī.

你什么时候都可以来我家。　Nǐ shénme shíhou dōu kěyǐ lái wǒ jiā.

3 "尤其～"「とりわけ～」、「特に」 55

佐藤很喜欢吃中国菜，尤其是湘菜。
Zuǒténg hěn xǐhuan chī Zhōngguócài, yóuqí shì xiāngcài.

哥哥很擅长运动，尤其是打网球。
Gēge hěn shàncháng yùndòng, yóuqí shì dǎ wǎngqiú.

我对少数民族文化很感兴趣，尤其喜欢蒙古族文化。
Wǒ duì shǎoshù mínzú wénhuà hěn gǎn xìngqù, yóuqí xǐhuan Měnggǔzú wénhuà.

56

語句

□件 jiàn 上着類、事柄の数を数える量詞　□新 xīn 新しい　□衣服 yīfu 服　□干 gàn する　□生病 shēngbìng 病気になる　□擅长 shàncháng ～に堪能である　□打 网球 dǎ wǎngqiú テニスをする

練習問題

57

1 下記の短文を音読し、日本語に訳しましょう。

茶 是 中国人 的 传统 饮料，中国人 很 喜欢 喝 茶，尤其 是
Chá shì Zhōngguórén de chuántǒng yǐnliào, Zhōngguórén hěn xǐhuan hē chá, yóuqí shì

热 茶。中国茶 有 很多 种类，绿茶、红茶、乌龙茶、花茶、黑茶 等等。
rè chá. Zhōngguó chá yǒu hěnduō zhǒnglèi, lǜchá、hóngchá、wūlóngchá、huāchá、hēichá děngděng.

喝 茶 不仅 可以 止渴，还 能 帮助 消化，对 人 的 身体 有 很多 好处。
Hē chá bùjǐn kěyǐ zhǐkě, hái néng bāngzhù xiāohuà, duì rén de shēntǐ yǒu hěn duō hǎochù.

2 次の語群から適当な言葉を選び、空欄に入れて文を完成させ、日本語に訳しましょう。

什么	哪儿	哪个	谁	什么时候
shénme	nǎr	nǎge	shéi	shénme shíhou

日本語訳

① 这个问题很难，不是 ______ 都懂。
Zhège wèntí hěn nán, bú shì dōu dǒng.

② 你有 ______ 想吃的东西吗？
Nǐ yǒu xiǎng chī de dōngxi ma?

③ 星期日我想去 ______ 转转。
Xīngqīrì wǒ xiǎng qù zhuànzhuan.（＊转转 zhuànzhuan ぶらつく）

④ 粽子和月饼，我 ______ 都不喜欢。
Zòngzi hé yuèbing, wǒ dōu bù xǐhuan.

⑤ 我爸爸 ______ 都很忙。
Wǒ bàba dōu hěn máng.

3 下記の文章を中国語に訳しましょう

彼女の体調はますます悪くなってきました。なにも食べませんし、どこにも行きません。

はじめての中国語学習辞典

相原 茂［編著］
B6変型判/776頁

◆ 見出し語1万1千
◆ 見やすい2色刷
◆ 辞書に「参考書」の要素をプラス
◆ 「発音マスター」WEB動画(サーバー)&音声CD付

1. すべての中国語にピンインローマ字つき。
2. 重要語は3 ランクに分けマークで表示。
3. 文法コラム、語法コラムの充実。
4. すべての見出し単語に品詞名を明示。
5. 類義語を重視し、「目で見る類義語」の創設。
6.「 百科知識」で文化·習慣を分かりやすく解説。
7. コミュニケーションに役立つ「表現Chips」。
8. 目で見る逆引き単語帳「逆引きウインドウズ」。
9. 中国のベテラン画家による豊富なイラスト。
10. 中国語学習に必要で便利な付録の充実。

中国語学習シソーラス辞典

相原 茂［編］
B6判/880頁

◆ 類義グループをなす常用語を集めた初の中国語シソーラス辞典。
◆ 日本語インデックス1400余,中国語見出し語数は約11000語。
◆ すべての例文にピンイン,訳をつけ初級者からでも使える。
◆ スピーキングやライティングにおける類語の正しい使い分けに。
◆ 仕事で中国語のメールや文書を書く機会が多い人にも最適。
◆ 語彙力の増強ができ,ボキャブラリービルディングにも有効。
◆ 巻末には検索の便を図り,全見出し語から引ける索引を用意。

◆ 語彙的な言語と言われる中国語。
マスターのカギは微妙な類義表現の使い分けにあり。
◆ 日本人学習者の立場にたった類義語を選択。
◆ 500を超える類義語セットを弁別，解説。
◆ 執筆スタッフ40名による本格的類義語辞典。
◆ すべての例文にピンイン，訳付。初級者からも使える！
◆ 中国語の教育・学習に必須の工具書の誕生！

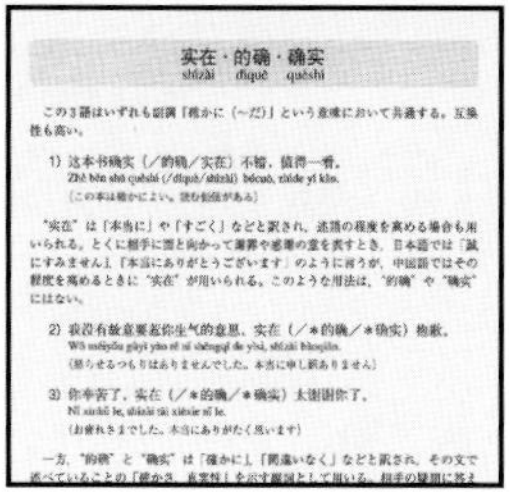
实在・的确・确实
shízài díquè quèshí

この3語はいずれも副詞「確かに（～だ）」という意味において共通する。互換性も高い。

1) 这本书确实（／的确／实在）不错，值得一看。
Zhè běn shū quèshí (/díquè/shízài) búcuò, zhíde yí kàn.
（この本は確かによい。読む価値がある）

"实在"は「本当に」や「すごく」などと訳され，述語の程度を高める場合も用いられる。とくに相手に面と向かって謝罪や感謝の意を表すとき，日本語では「誠にすみません」，「本当にありがとうございます」のように言うが，中国語ではその程度を高めるときに"实在"が用いられる。このような用法は，"的确"や"确实"にはない。

2) 我没有故意要惹你生气的意思，实在（／＊的确／＊确实）抱歉。
Wǒ méiyǒu gùyì yào rě nǐ shēngqì de yìsi, shízài bàoqiàn.
（怒らせるつもりはありませんでした。本当に申し訳ありません）

3) 你辛苦了，实在（／＊的确／＊确实）太谢谢你了。
Nǐ xīnkǔ le, shízài tài xièxie nǐ le.
（お疲れさまでした。本当にありがたく思います）

一方，"的确"と"确实"は「確かに」，「間違いなく」などと訳され，その文で

朝日出版社 〒101-0065 東京都千代田区西神田3-3-5 **URL**: http://text.asahipress.com/chinese/
TEL: 03-3263-3321 **FAX**: 03-5226-9599

注文書

はじめての中国語学習辞典	定価（本体2800円＋税） ISBN978-4-255-00113-5	注文数 冊	書店印
中国語学習シソーラス辞典	定価（本体3800円＋税） ISBN978-4-255-00993-3	注文数 冊	
中国語類義語辞典	定価（本体4500円＋税） ISBN978-4-255-00841-7	注文数 冊	
お名前 ご住所 TEL			

朝日出版社

必要事項をご記入のうえ、最寄りの書店へお申し込みください。

聞き取り問題

58

1 音声を聞いてピンインと簡体字で書き取り、日本語に訳しましょう。

ピンイン	中国語	日本語
①		
②		
③		
④		
⑤		

59

2 音声を聞いて中国語で書き取り、さらに本文の内容に従って中国語で答えましょう。

① 問

答

② 問

答

③ 問

答

④ 問

答

⑤ 問

答

60

3 音声を聞いて、次の質問に対する答えとして適切なものを選びましょう。

① 明天她想干什么？
Míngtiān tā xiǎng gàn shénme?

答

② 明天他想干什么？
Míngtiān tā xiǎng gàn shénme?

答

③ 他们明天干什么？
Tāmen míngtiān gàn shénme?

答

第 7 课　大熊猫
dàxióngmāo

・ジャイアントパンダ

本課で学習すること　"让～"　"被～"　"～了…了"

本文　61

佐藤和也：丽丽，你 看 什么 呢？ 让 我 看看。
Lìli,　nǐ kàn shénme ne?　Ràng wǒ kànkan.

刘　丽丽：我 在 看 介绍 大熊猫 的 书 呢。
Wǒ zài kàn jièshào dàxióngmāo de shū ne.

佐藤和也：你 见过 大熊猫 吗？
Nǐ jiànguo dàxióngmāo ma?

刘　丽丽：我 只 在 电视 上 见过。你 见过 吗？
Wǒ zhǐ zài diànshì shang jiànguo.　Nì jiànguo ma?

佐藤和也：我 在 上野 动物园 里 见过。大熊猫 真 可爱！
Wǒ zài Shàngyě dòngwùyuán lǐ jiànguo.　Dàxióngmāo zhēn kě'ài!

不愧 被 称为 中国 的"国宝"。
Búkuì bèi chēngwéi Zhōngguó de "guóbǎo".

刘　丽丽：你 知道 吗？
Nǐ zhīdào ma?

大熊猫 在 地球 上 已经 生存 了 800 万年 了。
Dàxióngmāo zài dìqiú shang yǐjīng shēngcún le bābǎiwàn nián le.

佐藤和也：哇！ 真 是"活化石"啊！
Wā!　Zhēn shì "huó huàshí" a!

刘　丽丽：野生 大熊猫 的 寿命 是 18 到 20 岁。
Yěshēng dàxióngmāo de shòumìng shì shíbā dào èrshí suì.

佐藤和也：人工 喂养 的 呢？
Réngōng wèiyǎng de ne?

刘　丽丽：人工 喂养 的 大熊猫 寿命 可以 超过 30 岁。
Réngōng wèiyǎng de dàxióngmāo shòumìng kěyǐ chāoguò sānshí suì.

語句 62

□大熊猫 dàxióngmāo ジャイアントパンダ　□见 jiàn 見る、見聞する　□上野 Shàngyě 上野　□动物园 dòngwùyuán 動物園　□可爱 kě'ài かわいい　□不愧 búkuì さすがに〜　□被 bèi 〜に…される／られる　□称为 chēngwéi 呼称する　□国宝 guóbǎo 国宝　□地球 dìqiú 地球　□生存 shēngcún 生存する　□哇 wā ワー　□活 huó 生きている、生きる　□化石 huàshí 化石　□野生 yěshēng 野生　□寿命 shòumìng 寿命　□人工 réngōng 人工の、人為的な　□喂养 wèiyǎng 飼育する　□超过 chāoguò 超える

文法事項

1 “让〜”使役を表す 「〜に…させる」 63

主語＋让＋名詞＋動詞（＋目的語）

老师让我练习发音。　Lǎoshī ràng wǒ liànxí fāyīn.
医生不让我吸烟。　Yīshēng bú ràng wǒ xīyān.
你妈妈让你去留学吗？　Nǐ māma ràng nǐ qù liúxué ma?

2 “被〜”受身を表す 「〜に（…される）」 64

主語＋被（＋名詞）＋動詞（＋結果補語）
　　　　　動作主

面包被弟弟吃了。　Miànbāo bèi dìdi chī le.
我的伞被人偷走了。　Wǒ de sǎn bèi rén tōuzǒu le.
电梯被修好了。　Diàntī bèi xiūhǎo le.

3 “〜了…了” 「〜して（今までに）…になる」※動作はまだ続いている 65

主語（＋動詞＋目的語）＋動詞＋了＋時間量＋了

我学汉语学了两年了。　Wǒ xué Hànyǔ xuéle liǎngnián le.
我们等你等了一天了。　Wǒmen děng nǐ děngle yìtiān le.
你来中国来了几个月了？　Nǐ lái Zhōngguó láile jǐ ge yuè le?

語句 66

□医生 yīshēng 医者　□吸烟 xīyān たばこを吸う　□偷 tōu 盗む　□电梯 diàntī エレベーター、エスカレーター　□修 xiū 修理する　□等 děng 待つ

練習問題

67

1　下記の短文を音読し、日本語に訳しましょう。

大熊猫《Dàxióngmāo》 被《bèi》 称为《chēngwéi》 中国《Zhōngguó》 的《de》“国宝《guóbǎo》”，它《tā》 在《zài》 地球上《dìqiú shang》 已经《yǐjīng》 生存了《shēngcún le》 800万年《bābǎi wàn nián》 了《le》。大熊猫《Dàxióngmāo》 喜欢《xǐhuan》 吃《chī》 新鲜《xīnxiān》 的《de》 竹叶《zhúyè》 和《hé》 竹笋《zhúsǔn》。野生《Yěshēng》 大熊猫《dàxióngmāo》 的《de》 寿命《shòumìng》 是《shì》 18《shíbā》 到《dào》 20《èrshí》 岁《suì》，人工《réngōng》 喂养《wèiyǎng》 的《de》 大熊猫《dàxióngmāo》 寿命《shòumìng》 可以《kěyǐ》 超过《chāoguò》 30《sānshí》 岁《suì》。

2　日本語の意味に合うように、語句を並べ替えましょう。

① 我《wǒ》・医生《yīshēng》・药《yào》・让《ràng》・吃《chī》・按时《ànshí》　（医者は私に毎日時間通りに薬を飲むように言いました。）（＊按时 ànshí 時間通りに）

中国語文

② 被《bèi》・他《tā》・拿走《názǒu》・我《wǒ》・课本《kèběn》・的《de》・了《le》　（私の教科書は彼に持ち去られました。）

中国語文

③ 吗《ma》・可以《kěyǐ》・让《ràng》・尝尝《chángchang》・我《wǒ》？　（わたしに味見させてくれますか。）

中国語文

④ 被《bèi》・谁《shéi》・的《de》・面包《miànbāo》・了《le》・我《wǒ》・吃《chī》？　（わたしのパンは誰に食べられましたか。）

中国語文

⑤ 了《le》・她《tā》・半个小时《bànge xiǎoshí》・已经《yǐjīng》・了《le》・哭《kū》　（彼女はすでに三十分も泣いています。）（＊哭 kū 泣く）

中国語文

3　下記の文章を中国語に訳しましょう。

わたしはすでに六年間も英語を学んでいますが、まだ上手にしゃべれません。今日は先生に叱られました。（＊批评 pīpíng 叱る）

聞き取り問題

68

1 音声を聞いてピンインと簡体字で書き取り、日本語に訳しましょう。

ピンイン	中国語	日本語
①		
②		
③		
④		
⑤		

69

2 音声を聞いて中国語で書き取り、さらに本文の内容に従って中国語で答えましょう。

① 問

答

② 問

答

③ 問

答

④ 問

答

⑤ 問

答

70

3 音声を聞いて、問いに対する答えを書きましょう。

① 他想干什么？
Tā xiǎng gàn shénme?

答

② 他的课本被谁拿走了？
Tā de kèběn bèi shéi názǒu le?

答

③ 他们学了几个小时了？
Tāmen xuéle jǐge xiǎoshí le?

答

第8课

京剧《jīngjù》

● 京劇

本課で学習すること　"一＋量詞(＋名詞)＋也/都＋不/没"　"可能補語"　"一～就…"

本文

71

刘　丽丽：佐藤《Zuǒténg》，你《nǐ》昨天《zuótiān》干《gàn》什么《shénme》了《le》？

佐藤和也：昨天《Zuótiān》我《wǒ》看了《kànle》一《yì》场《chǎng》京剧《jīngjù》，可是《kěshì》一《yí》句《jù》台词《táicí》也《yě》没《méi》听懂《tīngdǒng》。

刘　丽丽：其实《Qíshí》很多《hěnduō》中国人《Zhōngguórén》也《yě》听不懂《tīngbudǒng》，得《děi》看《kàn》字幕《zìmù》。

佐藤和也：京剧《Jīngjù》脸谱《liǎnpǔ》很《hěn》漂亮《piàoliang》，我《wǒ》很《hěn》喜欢《xǐhuan》。

刘　丽丽：你《Nǐ》知道《zhīdào》吗《ma》？京剧《Jīngjù》脸谱《liǎnpǔ》的《de》颜色《yánsè》不仅《bùjǐn》漂亮《piàoliang》，
还《hái》代表着《dàibiǎozhe》各种各样《gèzhǒnggèyàng》的《de》人物《rénwù》性格《xìnggé》。

佐藤和也：红色《Hóngsè》脸谱《liǎnpǔ》代表《dàibiǎo》什么《shénme》性格《xìnggé》？

刘　丽丽：红色《Hóngsè》脸谱《liǎnpǔ》代表《dàibiǎo》忠诚《zhōngchéng》勇敢《yǒnggǎn》。

佐藤和也：那《Nà》白色《báisè》脸谱《liǎnpǔ》呢《ne》？

刘　丽丽：白色《Báisè》脸谱《liǎnpǔ》一般《yìbān》是《shì》奸诈《jiānzhà》阴险《yīnxiǎn》的《de》人物《rénwù》形象《xíngxiàng》。

佐藤和也：一《Yí》看《kàn》脸谱《liǎnpǔ》的《de》颜色《yánsè》就《jiù》知道《zhīdào》人物《rénwù》
性格《xìnggé》了《le》，京剧《jīngjù》真《zhēn》有《yǒu》意思《yìsi》！

72

語句

□京剧 jīngjù 京劇　□场 chǎng 上演・上映などの回数を数える、～回　□可是 kěshì しかし　□台词 táicí セリフ　□句 jù 言葉を数える　□得 děi ～しなければならない　□脸谱 liǎnpǔ 隈取り　□颜色 yánsè 色　□漂亮 piàoliang 美しい、きれいである　□代表 dàibiǎo 表す　□各种各样 gèzhǒnggèyàng さまざまな　□人物 rénwù（文芸作品に出てくる）人物　□性格 xìnggé 性格　□红色 hóngsè 赤色　□忠诚 zhōngchéng 忠実で正直である　□勇敢 yǒnggǎn 勇敢である　□那 nà（前節・上文を受け）それ　□奸诈 jiānzhà 悪賢い　□阴险 yīnxiǎn 陰険である　□形象 xíngxiàng イメージ、像　□一～就… yī ～ jiù… ～すると（すぐに）…

文法事項

1 "一＋量詞（＋名詞）＋也／都＋不／没" 強調表現「～も…でない」 73

我不喜欢这个菜，一口也不想吃。　Wǒ bù xǐhuan zhège cài,yì kǒu yě bù xiǎng chī.
我现在一分钱都没有。　Wǒ xiànzài yì fēn qián dōu méiyǒu.
他说的话我一句都没听懂。　Tā shuō de huà wǒ yí jù dōu méi tīngdǒng.

2 可能補語 「～できる／～できない」 74

動詞＋得／不＋結果補語／方向補語

今天的作业很多，你写得完吗？　Jīntiān de zuòyè hěn duō, nǐ xiědewán ma?
今天的作业很多，我写不完。　Jīntiān de zuòyè hěn duō, wǒ xiěbuwán.

你听得懂上海话吗？　Nǐ tīngdedǒng Shànghǎihuà ma?
我听不懂上海话。　Wǒ tīngbudǒng Shànghǎihuà.

早上六点你起得来吗？　Zǎoshang liùdiǎn nǐ qǐdelái ma?
早上六点我起不来。　Zǎoshang liùdiǎn wǒ qǐbulái.

※よく使うフレーズ

来得及	来不及	吃得了	吃不了	买得到	买不到
láidejí	láibují	chīdeliǎo	chībuliǎo	mǎidedào	mǎibudào

3 "一～就…" 「～すると（すぐに）…」 75

春天一来，花就开了。　Chūntiān yì lái, huā jiù kāi le.
我一回家就写作业。　Wǒ yì huíjiā jiù xiě zuòyè.
她一毕业就结婚了。　Tā yí bìyè jiù jiéhūn le.

76

語句

□口 kǒu 口に含んだもの・口から出るものを数える　□起得来 qǐdelái 起きられる　□春天 chūntiān 春　□花 huā 花　□开 kāi 咲く　□毕业 bìyè 卒業する　□来得及 láidejí 間に合う　□来不及 láibují 間に合わない　□吃得了 chīdeliǎo 食べられる　□吃不了 chībuliǎo 食べられない　□买得到 mǎidedào（ものがあって）買える　□买不到 mǎibudào（ものがなくて）買えない

練習問題

77

1 下記の短文を音読し、日本語に訳しましょう。

京剧《Jīngjù》也《yě》叫《jiào》“京戏《jīngxì》”、“国戏《guóxì》”，它《tā》和《hé》中医《zhōngyī》、中国画《Zhōngguóhuà》一起《yìqǐ》，被《bèi》称为《chēngwéi》“三大国粹《sān dà guócuì》”。京剧《Jīngjù》在《zài》中国《Zhōngguó》流行《liúxíng》很《hěn》广《guǎng》，影响《yǐngxiǎng》也《yě》很《hěn》大《dà》，到《dào》今天《jīntiān》已经《yǐjīng》有《yǒu》200《èrbǎi》多年《duō nián》的《de》历史《lìshǐ》了《le》。京剧《Jīngjù》脸谱《liǎnpǔ》不仅《bùjǐn》漂亮《piàoliang》，它《tā》的《de》颜色《yánsè》还《hái》代表着《dàibiǎo zhe》各种各样《gèzhǒnggèyàng》的《de》人物《rénwù》性格《xìnggé》，比如《bǐrú》红色《hóngsè》代表《dàibiǎo》忠诚《zhōngchéng》勇敢《yǒnggǎn》，白色《báisè》代表《dàibiǎo》奸诈《jiānzhà》阴险《yīnxiǎn》，很《hěn》有意思《yǒuyìsi》。

2 日本語の意味に合うように、語句を並べ替えましょう。

① 口《kǒu》・今年《jīnnián》・粽子《zòngzi》・端午节《duānwǔjié》・我《wǒ》・的《de》・没吃《méichī》・都《dōu》・一《yì》 （今年の端午節、私はちまきを一口も食べなかった。）

中国語文

② 也《yě》・他《tā》・说《shuō》・不《bù》・句《jù》・一《yí》・话《huà》 （彼は一言も話さない。）

中国語文

③ 得《děi》・中文《Zhōngwén》・懂《dǒng》・小说《xiǎoshuō》・吗《ma》・你《nǐ》・看《kàn》？ （あなたは中国語の小説を読んでわかりますか。）

中国語文

④ 就《jiù》・聪明《cōngmíng》・你《nǐ》・一《yì》・会《huì》・学《xué》・真《zhēn》 （あなたは本当に賢いですね！習えばすぐにできます。）

中国語文

⑤ 到家《dàojiā》・一《yí》・你《nǐ》・给《gěi》・打电话《dǎ diànhuà》・我《wǒ》・请《qǐng》・就《jiù》 （家に着いたら私に電話をください。）

中国語文

3 下記の文章を中国語に訳しましょう。

兄は毎朝五時半に起きます。彼は起きたらすぐに勉強します。私も彼と一緒に勉強したいのですが、五時半に起きられません。

聞き取り問題

78

1 音声を聞いてピンインと簡体字で書き取り、日本語に訳しましょう。

ピンイン	中国語	日本語
①		
②		
③		
④		
⑤		

79

2 音声を聞いて中国語で書き取り、さらに本文の内容に従って中国語で答えましょう。

① 問

答

② 問

答

③ 問

答

④ 問

答

⑤ 問

答

80

3 音声を聞いて、問いに対する答えを書きましょう。

① 老师说的话她听得懂吗？
Lǎoshī shuō de huà tā tīngdedǒng ma?

答

② 老师说的话他听得懂吗？
Lǎoshī shuō de huà tā tīngdedǒng ma?

答

③ 他一上课就干什么？
Tā yí shàngkè jiù gàn shénme?

答

第9课 武术
wǔshù

・武術

本課で学習すること　"不但～而且…"　助動詞"应该～"　"虽然～但是…"

本文　81

刘　丽丽：佐藤，你看过李小龙主演的电影吗？
Zuǒténg, nǐ kànguo Lǐ Xiǎolóng zhǔyǎn de diànyǐng ma?

佐藤和也：看过，我是他的粉丝。他的中国功夫真厉害！
Kànguo, wǒ shì tā de fěnsī. Tā de Zhōngguó gōngfu zhēn lìhai!

刘　丽丽：他很小的时候就开始学武术了。
Tā hěn xiǎo de shíhou jiù kāishǐ xué wǔshù le.

佐藤和也：我也想学中国武术，尤其是少林拳！
Wǒ yě xiǎng xué Zhōngguó wǔshù, yóuqí shì shàolínquán!

刘　丽丽：练习武术不但可以健身，而且可以防敌，
Liànxí wǔshù búdàn kěyǐ jiànshēn, érqiě kěyǐ fángdí,

你应该试试。
nǐ yīnggāi shìshi.

佐藤和也：虽然很感兴趣，但是我觉得少林拳太难了。
Suīrán hěn gǎn xìngqù, dànshì wǒ juéde shàolínquán tài nán le.

刘　丽丽：中国武术的形式多种多样，
Zhōngguó wǔshù de xíngshì duōzhǒngduōyàng,

你可以选择一个简单的项目。
nǐ kěyǐ xuǎnzé yí ge jiǎndān de xiàngmù.

佐藤和也：有什么推荐的吗？
Yǒu shénme tuījiàn de ma?

刘　丽丽：太极拳怎么样？
Tàijíquán zěnmeyàng?

佐藤和也：好主意！
Hǎo zhǔyi!

最近太极拳在日本也很有人气。
Zuìjìn tàijíquán zài Rìběn yě hěn yǒu rénqì.

語句 82

□武术 wǔshù 武術 □李小龙 Lǐ Xiǎolóng ブルース・リー □主演 zhǔyǎn 主演する □粉丝 fěnsī ファン □功夫 gōngfu カンフー □厉害 lìhai 凄い □少林拳 shàolínquán 中国の嵩山少林寺に伝わる「少林拳」 □不但～而且… búdàn～ érqiě… ～だけでなく、そのうえ… □健身 jiànshēn フィットネス □防敌 fángdí 敵を防ぐ □应该 yīnggāi ～するべきだ、～はずだ □试 shì 試す、試みる □虽然～但是… suīrán～ dànshì… ～ではあるけど…だ □感兴趣 gǎn xìngqù 興味がわく、関心を持つ □形式 xíngshì 様式、形式 □多种多样 duōzhǒngduōyàng 多種多様 □选择 xuǎnzé 選択する □项目 xiàngmù 項目 □推荐 tuījiàn 推薦する □太极拳 tàijíquán 太極拳 □好主意 hǎo zhǔyi よい考え

文法事項

1 “不但～而且…” 「～だけでなく、そのうえ…」 83

他不但很聪明，而且很努力。 Tā búdàn hěn cōngmíng, érqiě hěn nǔlì.

坐地铁不但快，而且便宜。 Zuò dìtiě búdàn kuài, érqiě piányi.

弟弟不但会少林拳，而且会太极拳。 Dìdi búdàn huì shàolínquán, érqiě huì tàijíquán.

2 助動詞“应该～” 「～するべきだ」、「～はずだ」 84

你应该好好练习发音。 Nǐ yīnggāi hǎohǎo liànxí fāyīn.

我不应该让妈妈生气。 Wǒ bù yīnggāi ràng māma shēngqì.

已经十点了，他应该回来了。 Yǐjīng shídiǎn le, tā yīnggāi huílai le.

3 “虽然～但是…” 「～ではあるけど…だ」 85

虽然汉语很难，但是我很喜欢学。 Suīrán Hànyǔ hěn nán, dànshì wǒ hěn xǐhuan xué.

虽然天气很冷，但是我心里很温暖。 Suīrán tiānqì hěn lěng, dànshì wǒ xīn lǐ hěn wēnnuǎn.

虽然失败了，但是我并没有放弃。 Suīrán shībài le, dànshì wǒ bìng méiyǒu fàngqì.

語句 86

□好好 hǎohǎo しっかりと □生气 shēngqì 怒る □温暖 wēnnuǎn 暖かい □天气 tiānqì 天気 □失败 shībài 失敗する、失敗 □放弃 fàngqì あきらめる

練習問題

🔊 87

1 下記の短文を音読し、日本語に訳しましょう。

中国《Zhōngguó》 武术《wǔshù》 的《de》 形式《xíngshì》 多种多样《duōzhǒngduōyàng》，按照《ànzhào》 内容《nèiróng》 可以《kěyǐ》 分为《fēnwéi》 拳术类《quánshùlèi》、器械类《qìxièlèi》、对抗《duìkàng》 项目《xiàngmù》 和《hé》 集体《jítǐ》 项目《xiàngmù》 等等《děngděng》。拳术《Quánshù》 是《shì》 中国《Zhōngguó》 武术《wǔshù》 的《de》 基础《jīchǔ》。器械类《Qìxiè lèi》 包括《bāokuò》 刀术《dāoshù》、剑术《jiànshù》、棍术《gùnshù》 等等《děngděng》。练习《Liànxí》 武术《wǔshù》 不但《búdàn》 可以《kěyǐ》 健身《jiànshēn》 而且《érqiě》 可以《kěyǐ》 防敌《fángdí》，你《nǐ》 也《yě》 试试《shìshi》 吧《ba》！

2 次の語群から適当な言葉を選び、空欄に入れて文を完成させ、日本語に訳しましょう。

不但～而且…《búdàn～érqiě …》　虽然～但是…《suīrán～dànshì …》　应该《yīnggāi》

日本語訳

① ______ 今天是星期日《jīntiān shì xīngqīrì》，______ 爸爸还在工作《bàba hái zài gōngzuò》。

② 学生《Xuésheng》 ______ 以学习为主《yǐ xuéxí wéi zhǔ》。

③ 丽丽《Lìli》 ______ 会包饺子《huì bāo jiǎozi》，______ 会做小笼包《huì zuò xiǎolóngbāo》。

④ 这个颜色姐姐《Zhège yánsè jiějie》 ______ 不喜欢《bù xǐhuan》。

⑤ ______ 没有钱《méiyǒu qián》，______ 我很幸福《wǒ hěn xìngfú》。

3 下記の文章を中国語に訳しましょう。

このケーキは少し高いけれど、わたしは買いたいです。なぜなら、このケーキは美味しいだけではなく、きれいだからです。

聞き取り問題

88

1 音声を聞いてピンインと簡体字で書き取り、日本語に訳しましょう。

	ピンイン	中国語	日本語
①			
②			
③			
④			
⑤			

89

2 音声を聞いて中国語で書き取り、さらに本文の内容に従って中国語で答えましょう。

① 問 ……

答 ……

② 問 ……

答 ……

③ 問 ……

答 ……

④ 問 ……

答 ……

⑤ 問 ……

答 ……

90

3 音声を聞いて、次の質問に対する答えとして適切なものを選びましょう

① 她想买什么？ Tā xiǎng mǎi shénme?

(a) 她想买两件衣服。 Tā xiǎng mǎi liǎng jiàn yīfu.
(b) 她想给妹妹买一件衣服。 Tā xiǎng gěi mèimei mǎi yí jiàn yīfu.
(c) 她想给妈妈买一件衣服。 Tā xiǎng gěi māma mǎi yí jiàn yīfu.

② 红色的衣服怎么样？ Hóngsè de yīfu zěnmeyàng? （＊好看 hǎokàn きれいである）

(a) 虽然不好看，但是很便宜。 Suīrán bù hǎokàn, dànshì hěn piányi.
(b) 不但很好看，而且很便宜。 Búdàn hěn hǎokàn, érqiě hěn piányi.
(c) 虽然很好看，但是有点贵。 Suīrán hěn hǎokàn, dànshì yǒudiǎn guì.

③ 白色的衣服怎么样？ Báisè de yīfu zěnmeyàng?

(a) 不但不好看，而且很贵。 Búdàn bù hǎokàn, érqiě hěn guì.
(b) 不但很好看，而且很便宜。 Búdàn hěn hǎokàn, érqiě hěn piányi.
(c) 虽然很好看，但是有点贵。 Suīrán hěn hǎokàn, dànshì yǒudiǎn guì.

第10课 万里《wànlǐ》 长城《chángchéng》

• 万里の長城

本課で学習すること　“又／既～又…”　“(好)像～一样”　結果補語 (2)

本文　91

佐藤和也：丽丽《Lìli》，我《wǒ》 想《xiǎng》 去《qù》 爬《pá》 长城《chángchéng》，你《nǐ》 和《hé》 我《wǒ》 一起《yìqǐ》 去《qù》 吧《ba》？

刘　丽丽：好啊《Hǎo a》，咱们《zánmen》 去《qù》 北京《Běijīng》 的《de》 八达岭《Bādálǐng》 长城《chángchéng》 吧《ba》！

佐藤和也：从《Cóng》 天安门《Tiān'ānmén》 到《dào》 八达岭《Bādálǐng》 有《yǒu》 多远《duōyuǎn》？

刘　丽丽：大概《Dàgài》 70《qīshí》 多《duō》 公里《gōnglǐ》，咱们《zánmen》 可以《kěyǐ》 坐《zuò》 公交车《gōngjiāochē》 去《qù》，又《yòu》 快《kuài》 又《yòu》 便宜《piányi》。

佐藤和也：长城《Chángchéng》 真的《zhēnde》 有《yǒu》 “万里《wànlǐ》” 长《cháng》 吗《ma》？

刘　丽丽：当然《Dāngrán》！ 长城《Chángchéng》 的《de》 长度《chángdù》 超过《chāoguò》 两万《liǎngwàn》 公里《gōnglǐ》 呢《ne》！

佐藤和也：好像《Hǎoxiàng》 一《yì》 条《tiáo》 巨龙《jùlóng》 一样《yíyàng》，卧在《wò zài》 中国《Zhōngguó》 北方《běifāng》 的《de》 土地《tǔdì》 上《shang》。

刘　丽丽：长城《Chángchéng》 的《de》 历史《lìshǐ》 更《gèng》 长《cháng》！ 为了《Wèile》 防御《fángyù》 敌人《dírén》 的《de》 侵略《qīnlüè》，长城《chángchéng》 的《de》 修筑《xiūzhù》 从《cóng》 公元前《gōngyuánqián》 七世纪《qīshìjì》 就《jiù》 开始《kāishǐ》 了《le》。

佐藤和也：一共《Yígòng》 修筑了《xiūzhùle》 多少《duōshao》 年《nián》？

刘　丽丽：到《Dào》 明代《míngdài》 为止《wéizhǐ》，一共《yígòng》 修筑了《xiūzhùle》 2000《liǎngqiān》 多《duō》 年《nián》。

92

語句

□万里长城 wànlǐ chángchéng 万里の長城　□爬 pá のぼる、はう　□八达岭 Bādálǐng 八達嶺　□天安门 Tiān'ānmén 天安門　□大概 dàgài おそらく、だいたい　□公里 gōnglǐ キロメートル　□公交车 gōngjiāochē 路線バス　□真的 zhēnde 本当に、本当の　□当然 dāngrán もちろん　□长度 chángdù 長さ　□好像～一样 hǎoxiàng～ yíyàng まるで～のようだ　□条 tiáo 細く長く伸びたものを数える　□巨龙 jùlóng 巨大な竜　□卧 wò 伏せる、腹ばいになる　□土地 tǔdì 土地　□为了～ wèile～ ～のために　□防御 fángyù 防衛する　□敌人 dírén 敵　□侵略 qīnlüè 侵略する　□修筑 xiūzhù 築造する　□公元前 gōngyuánqián 紀元前　□世纪 shìjì 世紀　□明代 míngdài 明代　□到～为止 dào～ wéizhǐ ～まで

文法事項

1 "又／既～又…"「～であり…である」 93

这个苹果又大又红。	Zhège píngguǒ yòu dà yòu hóng.
我现在又累又饿。	Wǒ xiànzài yòu lèi yòu è.
我爸爸既不吸烟又不喝酒。	Wǒ bàba jì bù xīyān yòu bù hējiǔ.

2 "（好）像～一样"「まるで～のようだ」 94

你的脸色不太好，好像生病了一样。	Nǐ de liǎnsè bútài hǎo, hǎoxiàng shēngbìngle yíyàng
今天真冷，好像冬天来了一样。	Jīntiān zhēn lěng, hǎoxiàng dōngtiān láile yíyàng.
他画得真好，像真的一样。	Tā huàde zhēn hǎo, xiàng zhēnde yíyàng.

3 結果補語（2） 95

主語＋動詞＋結果補語（在／给／到）＋名詞

「……に～する」（動作のおこなわれる地点を表す）

我住在中国北京。	Wǒ zhùzài Zhōngguó Běijīng.
请把课本放在书包里。	Qǐng bǎ kèběn fàngzài shūbāo li.

「……に～する」（動作のおよぶ対象を表す）

这是我送给你的生日礼物。	Zhè shì wǒ sònggěi nǐ de shēngrì lǐwù.
请把作业交给老师。	Qǐng bǎ zuòyè jiāogěi lǎoshī.

「……まで～する」（動作の到達点を表す）

我们已经学到第五课了。	Wǒmen yǐjīng xuédào dì wǔ kè le.
走到门口，请给我打电话。	Zǒudào ménkǒu, qǐng gěi wǒ dǎ diànhuà.

96

語句

□苹果 píngguǒ リンゴ　□累 lèi 疲れている　□饿 è 空腹である　□酒 jiǔ お酒　□脸色 liǎnsè 顔色　□冬天 dōngtiān 冬　□书包 shūbāo 学生カバン　□礼物 lǐwù プレゼント　□门口 ménkǒu 入り口

練習問題

97

1 下記の短文を音読し、日本語に訳しましょう。

万里 长城 好像 一 条 巨龙 一样，卧在 中国 北方 的 土地 上。
Wànlǐ chángchéng hǎoxiàng yì tiáo jùlóng yíyàng, wòzài Zhōngguó běifāng de tǔdì shang.
长城 的 长度 超过 两万 公里。长城 的 历史 更 长，为了 防御
Chángchéng de chángdù chāoguò liǎngwàn gōnglǐ. Chángchéng de lìshǐ gèng cháng, wèile fángyù
敌人 的 侵略，长城 的 修筑 从 公元前 七世纪 就 开始 了。到 明代
dírén de qīnlüè, chángchéng de xiūzhù cóng gōngyuánqián qīshìjì jiù kāishǐ le. Dào míngdài
为止，一共 修筑了 2000多年，是 世界 上 修建 时间 最 长 的 工程。
wéizhǐ, yígòng xiūzhùle liǎngqiān duō nián, shì shìjiè shang xiūjiàn shíjiān zuì cháng de gōngchéng.

2 次の語群から適当な言葉を選び、空欄に入れて文を完成させ、日本語に訳しましょう。

在	到	给	好像 ～ 一样	又 ～ 又…
zài	dào	gěi	hǎoxiàng ～ yíyàng	yòu ～ yòu…

日本語訳

① 昨天我看电视看 ______ 了晚上十一点。
Zuótiān wǒ kàn diànshì kàn ______ le wǎnshang shíyīdiǎn.

② 他把钱交 ______ 我了。
Tā bǎ qián jiāo ______ wǒ le.

③ 你汉语说得 ______ 中国人 ______。
Nǐ Hànyǔ shuōde ______ Zhōngguórén ______.

④ 你住 ______ 哪儿？
Nǐ zhù ______ nǎr?

⑤ 今天的作业 ______ 多 ______ 难。
Jīntiān de zuòyè ______ duō ______ nán.

3 下記の文章を中国語に訳しましょう。

彼女は背が高くてきれいです。まるで映画スターのようです。
（＊电影明星 diànyǐng míngxīng 映画スター）

聞き取り問題

🔊 98

1 音声を聞いてピンインと簡体字で書き取り、日本語に訳しましょう。

	ピンイン	中国語	日本語
①			
②			
③			
④			
⑤			

🔊 99

2 音声を聞いて中国語で書き取り、さらに本文の内容に従って中国語で答えましょう。

① 問

答

② 問

答

③ 問

答

④ 問

答

⑤ 問

答

🔊 100

3 音声を聞いて、次の質問に対する答えとして適切なものを選びましょう。

① 他住在哪儿？ Tā zhùzài nǎr? （＊宿舍 sùshè 寮）

(a) 他住在学校里。 Tā zhùzài xuéxiào lǐ.
(b) 他住在宿舍里。 Tā zhùzài sùshè lǐ.
(c) 他住在家里。 Tā zhùzài jiā lǐ.

② 从宿舍到佐藤家远不远？ Cóng sùshè dào Zuǒténg jiā yuǎn bu yuǎn?

(a) 很远，开车十分钟。 Hěn yuǎn, kāichē shífēnzhōng.
(b) 很近，走路五分钟。 Hěn jìn, zǒulù wǔfēnzhōng.
(c) 不太远，走路十分钟。 Bú tài yuǎn, zǒulù shífēnzhōng.

③ 她让他干什么？ Tā ràng tā gàn shénme? （＊这封信 zhè fēng xìn この手紙）

(a) 她让他去佐藤家。 Tā ràng tā qù Zuǒténgjiā.
(b) 她让他给佐藤写信。 Tā ràng tā gěi Zuǒténg xiěxìn.
(c) 她让他把一封信交给佐藤。 Tā ràng tā bǎ yì fēng xìn jiāogěi Zuǒténg.

第11课 故宫
gùgōng

● 故宫

本課で学習すること　“要说～”　“居然～”　“据说～”

本文　101

刘　丽丽：佐藤，这次去北京，你玩得怎么样？
Zuǒténg, zhècì qù Běijīng, nǐ wánde zěnmeyàng?

佐藤和也：玩得很开心！还吃了很多好吃的东西。
Wánde hěn kāixīn! Hái chīle hěn duō hǎochī de dōngxi.

刘　丽丽：你印象最深的是什么？
Nǐ yìnxiàng zuì shēn de shì shénme?

佐藤和也：要说印象最深的，当然是故宫啊！
Yào shuō yìnxiàng zuì shēn de, dāngrán shì gùgōng a!

刘　丽丽：为什么呢？
Wèi shénme ne?

佐藤和也：故宫的面积非常大，居然有72万多平方米！
Gùgōng de miànji fēicháng dà, jūrán yǒu qīshí'èr wàn duō píngfāngmǐ!

刘　丽丽：是啊，据说有近万间宫室呢。
Shì a, jù shuō yǒu jìn wàn jiān gōng shì ne.

佐藤和也：另外，故宫里收藏着数不清的古代艺术珍品，都是无价之宝。
Lìngwài, gùgōng lǐ shōucángzhe shǔbuqīng de gǔdài yìshù zhēnpǐn, dōu shì wújiàzhībǎo.

刘　丽丽：真是名副其实的“博物院”！
Zhēn shì míngfùqíshí de “bówùyuàn”!

佐藤和也：还有，故宫的建筑物金碧辉煌、宏伟庄严，让我流连忘返。
Háiyǒu, gùgōng de jiànzhùwù jīnbìhuīhuáng、hóngwěi zhuāngyán, ràng wǒ liúliánwàngfǎn.

102

語句

□故宮 gùgōng 故宮　□怎么样 zěnmeyàng どうですか　□开心 kāixīn 楽しい　□印象 yìnxiàng 印象　□深 shēn 深い　□要说 yào shuō ～といえば　□居然 jūrán なんと～　□～多 duō ～余り　□平方米 píngfāngmǐ 平方メートル　□据说 jù shuō 聞くところによると～　□近 万 jìn wàn 万近く　□间 jiān 部屋を数える　□宫 gōng 宮殿　□室 shì 部屋　□另外 lìngwài そのほか　□收藏 shōucáng 収蔵する　□数不清 shǔbuqīng 数え切れない　□艺术 yìshù 芸術　□珍品 zhēnpǐn 貴重な品物　□无价之宝 wújiàzhībǎo 値のつけようのない宝物　□名副其实 míngfùqíshí その名にたがわぬ　□博物院 bówùyuàn 博物院　□建筑物 jiànzhùwù 建築物　□金碧辉煌 jīnbìhuīhuáng 金色と緑色がきらめく→建築物が目も奪わんばかりに華麗である　□宏伟 hóngwěi 雄大である　□庄严 zhuāngyán 荘厳である　□流连忘返 liúliánwàngfǎn 遊びにふけるうちに帰るのを忘れてしまう

文法事項

1 "要说～"「～といえば」 103

要说运动，我最擅长的是游泳。　Yào shuō yùndòng, wǒ zuì shàncháng de shì yóuyǒng.

要说水果，日本比中国贵得多。　Yào shuō shuǐguǒ, Rìběn bǐ Zhōngguó guì de duō.

要说中国武术，
　我最喜欢的是少林拳。　Yào shuō Zhōngguó wǔshù,
　wǒ zuì xǐhuan de shì shàolínquán.

2 "居然～"「なんと～」、「意外にも」 104

已经中午了，你居然还没起床。　Yǐjīng zhōngwǔ le, nǐ jūrán hái méi qǐchuáng.

他回国了，居然没告诉我。　Tā huíguó le, jūrán méi gàosu wǒ.

才六月，天气居然这么热！　Cái liùyuè, tiānqì jūrán zhème rè!

3 "据说～"「聞くところによると～」 105

据说他爸爸是很有名的作家。　Jù shuō tā bàba shì hěn yǒumíng de zuòjiā.

据说长城修筑了2000多年。　Jù shuō chángchéng xiūzhùle liǎngqiān duō nián.

据说人工喂养的大熊猫
　寿命可以超过30岁。　Jù shuō réngōng wèiyǎng de dàxióngmāo
　shòumìng kěyǐ chāoguò sānshí suì.

"据～说…"「～の話によると…」

据天气预报说，明天会下雨。　Jù tiānqì yùbào shuō, míngtiān huì xiàyǔ.

106

語句

□水果 shuǐguǒ くだもの　□这么 zhème こんなに　□作家 zuòjiā 作家　□预报 yùbào 予報する、予報

練習問題

🔊 107

1 下記の短文を音読し、日本語に訳しましょう。

故宫 也 叫“紫禁城”，位于 北京市 中心。故宫 的 总面积 有
Gùgōng yě jiào “zǐjìnchéng”, wèiyú Běijīngshì zhōngxīn. Gùgōng de zǒngmiànji yǒu

72万 多 平方米，有 近 万 间 宫 室。故宫 里 收藏着 很多 古代
qīshí'èrwàn duō píngfāngmǐ, yǒu jìn wàn jiān gōng shì. Gùgōng lǐ shōucángzhe hěn duō gǔdài

艺术 珍品，据说 总数 超过 100万件。故宫 的 建筑物 金碧辉煌、
yìshù zhēnpǐn, jùshuō zǒngshù chāoguò yìbǎiwàn jiàn. Gùgōng de jiànzhùwù jīnbìhuīhuáng、

宏伟 庄严，让 人 流连忘返。
hóngwěi zhuāngyán, ràng rén liúliánwàngfǎn.

2 次の語群から適当な言葉を選び、空欄に入れて文を完成させ、日本語に訳しましょう。

要说 yàoshuō	居然 jūrán	据说 jùshuō

日本語訳

① 这么好吃的蛋糕，她______不喜欢。
Zhème hǎochī de dàngāo, tā bù xǐhuan.

② ______他很优秀，既会说英语，又会说法语。
tā hěn yōuxiù, jì huì shuō Yīngyǔ, yòu huì shuō Fǎyǔ.（＊优秀 yōuxiù 優秀である）

③ ______颜色，那件不如这件好看。
yánsè, nàjiàn bùrú zhèjiàn hǎokàn.

④ 你家离学校______这么近！
Nǐ jiā lí xuéxiào zhème jìn!

⑤ ______明天的考试非常难。
míngtiān de kǎoshì fēicháng nán.

3 下記の文章を中国語に訳しましょう。

彼は賢いだけではなく、一生懸命頑張ります。聞くところによりますと、彼は大学受験の時に、英語はなんと満点を取りました。（＊考大学 kǎo dàxué 大学受験　＊满分 mǎnfēn 満点）

聞き取り問題

108

1 音声を聞いてピンインと簡体字で書き取り、日本語に訳しましょう。

ピンイン	中国語	日本語
①		
②		
③		
④		
⑤		

109

2 音声を聞いて中国語で書き取り、さらに本文の内容に従って中国語で答えましょう。

① 問 ……………………

答 ……………………

② 問 ……………………

答 ……………………

③ 問 ……………………

答 ……………………

④ 問 ……………………

答 ……………………

⑤ 問 ……………………

答 ……………………

110

3 音声を聞いて、次の質問に対する答えとして適切なものを選びましょう。

① 佐藤法语说得怎么样？ Zuǒténg Fǎyǔ shuōde zěnmeyàng?

(a) 他不会说法语。 Tā bú huì shuō Fǎyǔ.
(b) 他说得很好。 Tā shuōde hěn hǎo.
(c) 他说得不太好。 Tā shuōde bútài hǎo.

② 丽丽法语说得怎么样？ Lìli Fǎyǔ shuōde zěnmeyàng?

(a) 比佐藤好。 Bǐ Zuǒténg hǎo.
(b) 不如佐藤好。 Bùrú Zuǒténg hǎo.
(c) 她不会说法语。 Tā bú huì shuō Fǎyǔ.

③ 丽丽除了法语，还会说什么外语？
Lìli chúle Fǎyǔ, hái huì shuō shénme wàiyǔ?

(a) 英语和汉语。 Yīngyǔ hé Hànyǔ.
(b) 汉语和日语。 Hànyǔ hé Rìyǔ.
(c) 英语和日语。 Yīngyǔ hé Rìyǔ.

第12课 四大名著《sì dà míngzhù》

• 四大名著

本課で学習すること　“的确～／确实～”　“不管～都…”　“～是～，但是…”

本文　111

刘 丽丽：佐藤《Zuǒténg》，你《nǐ》 最《zuì》 喜欢《xǐhuan》《三国演义》《《Sānguóyǎnyì》》 里《lǐ》 的《de》 哪个《nǎge》 人物《rénwù》？

佐藤和也：我《Wǒ》 最《zuì》 喜欢《xǐhuan》 曹操《Cáo Cāo》！但是《Dànshì》 据说《jùshuō》 中国人《Zhōngguórén》 不太《bútài》 喜欢《xǐhuan》 他《tā》。

刘 丽丽：在《Zài》 中国人《Zhōngguórén》 的《de》 印象《yìnxiàng》 里《lǐ》，曹操《Cáo Cāo》 的确《díquè》 很《hěn》 奸诈《jiānzhà》。

但是《Dànshì》 不管《bùguǎn》 在《zài》 日本《Rìběn》 还是《háishì》 在《zài》 中国《Zhōngguó》，

都《dōu》 有《yǒu》 喜欢《xǐhuan》 曹操《Cáo Cāo》 的《de》 人《rén》 吧《ba》。

佐藤和也：你《Nǐ》 最《zuì》 喜欢《xǐhuan》 哪个《nǎge》 人物《rénwù》 形象《xíngxiàng》？

刘 丽丽：我《Wǒ》 最《zuì》 喜欢《xǐhuan》《西游记》《《Xīyóujì》》 里《lǐ》 的《de》 孙悟空《Sūn Wùkōng》！

他《Tā》 机灵《jīling》 勇敢《yǒnggǎn》、嫉恶如仇《jí'èrúchóu》。

佐藤和也：我《Wǒ》 喜欢《xǐhuan》 猪八戒《Zhūbājiè》，我《wǒ》 觉得《juéde》 他《tā》 很《hěn》 可爱《kě'ài》！

刘 丽丽：可爱《Kě'ài》 是《shì》 可爱《kě'ài》，但是《dànshì》 他《tā》 又《yòu》 馋《chán》 又《yòu》 懒《lǎn》。

佐藤和也：《红楼梦》《《Hónglóumèng》》 和《hé》《水浒传》《《Shuǐhǔzhuàn》》 里《lǐ》 你《nǐ》 喜欢《xǐhuan》 谁《shéi》？

刘 丽丽：《红楼梦》《《Hónglóumèng》》 和《hé》《水浒传》《《Shuǐhǔzhuàn》》 我《wǒ》 还《hái》 没《méi》 看过《kànguo》 呢《ne》。

語句 🔊112

□名著 míngzhù 名著 □三国演义 Sānguóyǎnyì 三国志演義 □曹操 Cáo Cāo 曹操 三国時代の政治家・軍事家・詩人 □的确 díquè 確かに □不管～都… bùguǎn～dōu… ～であろうと… □西游记 Xīyóujì 西遊記 □孙悟空 Sūn Wùkōng 孫悟空 □机灵 jīling 機敏である □嫉恶如仇 jí'è'rúchóu 悪人や悪事を仇敵のように憎む □猪八戒 Zhūbājiè 猪八戒 □馋 chán 食いしん坊 □懒 lǎn 怠惰である □红楼梦 Hónglóumèng 紅楼夢 □水浒传 Shuǐhǔzhuàn 水滸伝

文法事項

1 "的确～"／"确实～"「確かに」 🔊113

他的确很忙，每天晚上十点才回家。
Tā díquè hěn máng, měitiān wǎnshang shídiǎn cái huíjiā.

中国北方的冬天的确很冷。
Zhōngguó běifāng de dōngtiān díquè hěn lěng.

大熊猫不愧被称为中国的"国宝"，确实很可爱。
Dàxióngmāo búkuì bèi chēngwéi Zhōngguó de "guóbǎo", quèshí hěn kě'ài.

2 "不管～都…"「～にかかわらず…」、「～であろうと…」 🔊114

不管刮风还是下雨，他每天都跑步。
Bùguǎn guā fēng háishì xià yǔ, tā měitiān dōu pǎobù.

我很喜欢这台电脑，不管多少钱我都要买。
Wǒ hěn xǐhuan zhè tái diànnǎo, bùguǎn duōshaoqián wǒ dōu yào mǎi.

不管是圣诞节还是春节，我都想和家人一起过。
Bùguǎn shì shèngdànjié háishì chūnjié, wǒ dōu xiǎng hé jiārén yìqǐ guò.

3 "～是～，但是…"「～は～だが、しかし…」 🔊115

月饼好吃是好吃，但是太甜了。
Yuèbing hǎochī shì hǎochī, dànshì tài tián le.

这个学生聪明是聪明，但是不努力。
Zhège xuésheng cōngmíng shì cōngmíng, dànshì bù nǔlì.

他有钱是有钱，但是太吝啬。
Tā yǒu qián shì yǒu qián, dànshì tài lìnsè.

🔊116
語句

□刮风 guā fēng 風が吹く □圣诞节 shèngdànjié クリスマス □家人 jiārén 家族 □过 guò 過ごす □甜 tián 甘い □吝啬 lìnsè ケチである

練習問題

🔊117

1 下記の短文を音読し、日本語に訳しましょう。

《水浒传》、《三国演义》、《西游记》、《红楼梦》 被 称为 四大名著。
《Shuǐhǔzhuàn》、《Sānguóyǎnyì》、 《Xīyóujì》、 《Hónglóumèng》 bèi chēngwéi sì dà míngzhù.

四大名著 诞生 于 明 清 时期，是 中国 古典 文学 的 经典 作品。
Sì dà míngzhù dànshēng yú míng qīng shíqī, shì Zhōngguó gǔdiǎn wénxué de jīngdiǎn zuòpǐn.

四大名著 承载着 中国 文化 的 精髓，是 中华 民族 的 宝贵 遗产。
Sì dà míngzhù chéngzǎizhe Zhōngguó wénhuà de jīngsuí, shì Zhōnghuá mínzú de bǎoguì yíchǎn.

2 次の語群から適当な言葉を選び、空欄に入れて文を完成させ、日本語に訳しましょう。

的确	不管 ～ 都…	～是～，但是…
díquè	bùguǎn～dōu…	～shì～， dànshì

日本語訳

① 这台电脑好 ______ 好，______ 太贵了。
Zhè tái diànnǎo hǎo hǎo, tài guì le.

② ______ 你去哪里，我 ______ 和你一起去。
nǐ qù nǎ lǐ, wǒ hé nǐ yìqǐ qù.

③ 这件衣服 ______ 不如那件好看。
Zhè jiàn yīfu bùrú nà jiàn hǎokàn.

④ ______ 是绿茶还是花茶，我 ______ 喜欢喝热的。
shì lǜchá háishì huāchá, wǒ xǐhuan hē rède.

⑤ 这件事 ______ 是我做的，对不起。
Zhè jiàn shì shì wǒ zuò de, duìbuqǐ.

3 下記の文章を中国語に訳しましょう。

英語にせよ中国語にせよ、佐藤さんは上手にしゃべります。彼は確かに優秀です。

聞き取り問題

🔊 118

1 音声を聞いてピンインと簡体字で書き取り、日本語に訳しましょう。

ピンイン	中国語	日本語
① …………	…………	…………
② …………	…………	…………
③ …………	…………	…………
④ …………	…………	…………
⑤ …………	…………	…………

🔊 119

2 音声を聞いて中国語で書き取り、さらに本文の内容に従って中国語で答えましょう。

① 問 …………

答 …………

② 問 …………

答 …………

③ 問 …………

答 …………

④ 問 …………

答 …………

⑤ 問 …………

答 …………

🔊 120

3 音声を聞いて、次の質問に対する答えとして適切なものを選びましょう

① 佐藤擅长什么？ Zuǒténg shàncháng shénme?

(a) 学习 xuéxí　(b) 运动和学习 yùndòng hé xuéxí　(c) 运动、学习，还有弹钢琴 yùndòng、xuéxí, háiyǒu tán gāngqín

② 她觉得佐藤怎么样？ Tā juéde Zuǒténg zěnmeyàng?

(a) 很优秀 hěn yōuxiù　(b) 很普通 hěn pǔtōng　(c) 不太优秀 bú tài yōuxiù

③ 她喜欢佐藤的性格吗？ Tā xǐhuan Zuǒténg de xìnggé ma?

(a) 很喜欢 hěn xǐhuan　(b) 不太喜欢 bú tài xǐhuan　(c) 很不喜欢 hěn bù xǐhuan

単語索引

※数字は課数を表します

电视节目 diànshì jiémù　テレビ番組　1
电影明星 diànyǐng míngxīng　映画スター　10
冬天 dōngtiān　冬　10
东西 dōngxi　もの　5
懂 dǒng　理解する、わかる　1
动物园 dòngwùyuán　動物園　7
端午节 duānwǔjié　端午節　3
对～来说 duì～láishuō　～にとって　5
～多 duō　～余り　11
多种多样 duōzhǒngduōyàn　多種多様　9

E

饿 è　空腹である　10

F

法语 Fǎyǔ　フランス語　5
发音 fāyīn　発音する、発音　4
防敌 fángdí　敵を防ぐ　9
房间 fángjiān　部屋　1
放弃 fàngqì　あきらめる　9
方言 fāngyán　方言　1
防御 fángyù　防衛する　10
分界线 fēnjièxiàn　境界線　4
粉丝 fěnsī　ファン　9
服饰 fúshì　衣服と装身具　2

G

干 gàn　する　6
干净 gānjìng　きれいである、清潔である　1
高兴 gāoxìng　楽しい、嬉しい　3
感兴趣 gǎn xìngqù　興味がわく、関心を持つ　9
各 gè　各　2
各地 gèdì　各地　1
各有特色 gè yǒu tèsè
それぞれには特色がある　2
各种各样 gèzhǒnggèyàng　さまざまな　8
宫 gōng　宮殿　11
功夫 gōngfu　カンフー　9
公里 gōnglǐ　キロメートル　10
公历（阳历） gōnglì　西暦　3
公交车 gōngjiāochē　路線バス　10
公元前 gōngyuánqián　紀元前　10
刮风 guā fēng　風が吹く　12
广东 Guǎngdōng　広東　5
故宫 gùgōng　故宮　11
故事 gùshi　物語　4
过 guò　過ごす　12
国宝 guóbǎo　国宝　7
国土 guótǔ　国土　1

H

汉族 Hànzú　漢族　2
好好 hǎohǎo　しっかりと　9
好看 hǎokàn　きれいである　9
好像～一样 hǎoxiàng～yíyàng
まるで～のようだ　10
好主意 hǎo zhǔyi　よい考え　9
红楼梦 Hónglóumèng　紅楼夢　12
红色 hóngsè　赤色　8
宏伟 hóngwěi　雄大である　11
花 huā　花　8
划分 huàfēn　分ける、区分する　4
画画 huà huà　絵を描く　2
化石 huàshí　化石　7
淮河 Huáihé　淮河　4
黄河 Huánghé　黄河　4
徽 huī　安徽省の別称　5
会话 huìhuà　会話　4
活 huó　生きている、生きる　7
活动 huódòng　行事、活動　3

J

嫉恶如仇 jí'è'rúchóu
悪人や悪事を仇敵のように憎む　12

机灵 jīling　機敏である　12
祭祖 jìzǔ　祖先を祭る　3
家家户户 jiājiāhùhù　どの家も　3
家人 jiārén　家族　12
间 jiān　部屋を数える　11
件 jiàn　上着類、事柄の数を数える量詞　6
见 jiàn　見る、見聞する　7
简单 jiǎndān　簡単である　4
渐渐 jiànjiàn　だんだん、次第に　4
健身 jiànshēn　フィットネス　9
建筑物 jiànzhùwù　建築物　11
教 jiāo　教える　2
交往 jiāowǎng　つきあう　4
饺子 jiǎozi　餃子　5
奸诈 jiānzhà　悪賢い　8
结婚 jiéhūn　結婚する　3
节日 jiérì　祝祭日　3
介绍 jièshào　紹介する、説明　4
结识 jiéshí　知り合う　2
金碧辉煌 jīnbìhuīhuáng
金色と緑色がきらめく
→建築物が目を奪うほどの美しさである　11
近万 jìn wàn　万近く　11
紧张 jǐnzhāng　緊張する　4
京剧 jīngjù　京劇　8
酒 jiǔ　お酒　10
句 jù　言葉を数える　8
巨龙 jùlóng　巨大な竜　10
居然 jūrán　なんと〜　11
据说 jù shuō　聞くところによると〜　11
举行 jǔxíng　挙行する　3
觉得 juéde　思う、感じる　3

K

开 kāi　咲く　8
开心 kāixīn　楽しい　11
考大学 kǎo dàxué　大学受験　11
可爱 kě'ài　かわいい　7
可是 kěshì　しかし　8
口 kǒu
口に含んだもの・口から出るものを数える　8
哭 kū　泣く　7

L

来不及 láibují　間に合わない　8
来得及 láidejí　間に合う　8
懒 lǎn　怠惰である　12
老板 lǎobǎn　店主、経営者　5
累 lèi　疲れている　10
厉害 lìhai　凄い　9
历史 lìshǐ　歴史　4
礼物 lǐwù　プレゼント　10
李小龙 Lǐ Xiǎolóng　ブルース・リー　9
脸谱 liǎnpǔ　隈取り　8
脸色 liǎnsè　顔色　10
练习 liànxí　練習する、演習　4
凉 liáng　冷たい、涼しい　6
吝啬 lìnsè　ケチである　12
另外 lìngwài　そのほか　11
流连忘返 liúliánwàngfǎn
遊びにふけるうちに帰るのを忘れてしまう　11
流域 liúyù　流域　4
鲁 lǔ　山東省の別称　5

M

买不到 mǎibudào　(ものがなくて)買えない　8
买得到 mǎidedào　(ものがあって)買える　8
满分 mǎnfēn　満点　11
满头大汗 mǎntóudàhàn　汗だくだ　4
门口 ménkǒu　入り口　10
蒙古族 Měnggǔzú　モンゴル族　2
米饭 mǐfàn　ごはん　5
面积 miànji　面積　1
面食 miànshí　小麦粉で作った食品　5
闽 mǐn　福建省の別称　5
民族 mínzú　民族　2

明代 míngdài　明代　10
名副其实 míngfùqíshí　その名にたがわぬ　11
名著 míngzhù　名著　12
茉莉花茶 mòlìhuāchá　ジャスミン茶　6
母语 mǔyǔ　母語　2

N

拿 ná　持つ、取る　1
那 nà　(前節・上文を受け)それ　8
哪个 nǎge　どれ、どの　6
南方 nánfāng　南方　4
农历(阴历) nónglì(yīnlì)　旧暦　3
努力 nǔlì　努力する、努力　4

P

爬 pá　のぼる、はう　10
跑步 pǎobù　ジョギングする　2
漂亮 piàoliang　美しい、きれいである　8
平安 píng'ān　無事である　4
平方米 píngfāngmǐ　平方メートル　11
苹果 píngguǒ　リンゴ　10
瓶装茶 píngzhuāngchá
ペットボトル入り、瓶入りのお茶　6
批评 pīpíng　叱る　7
普洱茶 pǔ'ěrchá　プーアル茶　6
普通话 pǔtōnghuà　現代中国語の標準語　1

Q

起床 qǐchuáng　起床する　3
起得来 qǐdelái　起きられる　8
其实 qíshí　実は　5
其他 qítā　その他　2
前后 qiánhòu　前後　3
前提 qiántí　前提　4
秦岭 Qínlǐng　秦嶺山脈　4
侵略 qīnlüè　侵略する　10
清明节 qīngmíngjié　清明節　3
全国 quánguó　全国　6

R

热 rè　温かい、熱い、暑い　6
热闹 rè'nao　賑やか　3
人物 rénwù　(文芸作品に出てくる)人物　8
人工 réngōng　人工の、人為的な　7
日子 rìzi　日　3
(如果)~的话 (rúguǒ)~de huà
もし~ならば　2

S

赛龙舟 sài lóngzhōu　ドラゴンボートレース　3
三国演义 Sānguóyǎnyì　三国志演義　12
扫墓 sǎomù　墓参りする　3
山脉 shānmài　山脈　4
擅长 shàncháng　~に堪能である　6
上海话 Shànghǎihuà　上海方言　1
上野 Shàngyě　上野　7
赏月 shǎngyuè　月見　3
少林拳 shàolínquán
中国の嵩山少林寺に伝わる「少林拳」　9
少数 shǎoshù　少数　2
深 shēn　深い　11
生病 shēngbìng　病気になる　6
生存 shēngcún　生存する　7
圣诞节 shèngdànjié　クリスマス　12
生气 shēngqì　怒る　9
试 shì　試す、試みる　9
室 shì　部屋　11
失败 shībài　失敗する、失敗　9
世纪 shìjì　世紀　10
收藏 shōucáng　収蔵する　11
受欢迎 shòu huānyíng
歓迎される、人気がある　6
寿命 shòumìng　寿命　7
书包 shūbāo　学生カバン　10
数不清 shǔbuqīng　数え切れない　11

属于 shǔyú　～属する　5

帅 shuài　恰好良い　2

水果 shuǐguǒ　くだもの　11

水浒传 Shuǐhǔzhuàn　水滸伝　12

孙悟空 Sūn Wùkōng　孫悟空　12

四川话 Sìchuānhuà　四川方言　1

苏 sū　江蘇省の別称　5

宿舍 sùshè　寮　10

虽然～但是… suīrán～dànshì…
～ではあるけど…だ　9

所以～ suǒyǐ～　だから～　1

所有 suǒyǒu　すべての　5

T

台词 táicí　セリフ　8

太极拳 tàijíquán　太極拳　9

弹钢琴 tán gāngqín　ピアノを弾く　2

唐代 tángdài　唐代　3

特别 tèbié　特に、とりわけ　2

甜 tián　甘い　12

天安门 Tiān'ānmén　天安門　10

天气 tiānqì　天気　9

条 tiáo　細く長く伸びたものを数える　10

跳舞 tiàowǔ　踊りを踊る　3

偷 tōu　盗む　7

土地 tǔdì　土地　10

推荐 tuījiàn　推薦する　9

W

哇 wā　ワー　7

万里长城 wànlǐ chángchéng　万里の長城　10

为了～ wèile～　～のために　10

为什么 wèishénme　どうして　1

喂养 wèiyǎng　飼育する　7

文化 wénhuà　文化　2

温暖 wēnnuǎn　暖かい　9

文字 wénzì　文字　2

卧 wò　伏せる、腹ばいになる　10

无价之宝 wújiàzhībǎo
値のつけようのない宝物　11

武术 wǔshù　武術　9

X

习惯 xíguàn　習慣　2

习俗 xísú　風俗習慣　3

吸烟 xīyān　たばこを吸う　7

西游记 Xīyóujì　西遊記　12

先 xiān　先に　1

现在 xiànzài　今、現在　6

湘 xiāng　湖南省の別称　5

项目 xiàngmù　項目　9

详细 xiángxì　詳しくて細かい　4

小笼包 xiǎolóngbāo　小籠包　5

新 xīn　新しい　6

辛苦 xīnkǔ　苦労する、つらい　3

幸福 xìngfú　しあわせ　3

性格 xìnggé　性格　8

形式 xíngshì　様式、形式　9

形象 xíngxiàng　イメージ、像　8

修 xiū　修理する　7

修筑 xiūzhù　築造する　10

选择 xuǎnzé　選択する　9

Y

颜色 yánsè　色　8

要说 yào shuō　～といえば　11

野生 yěshēng　野生　7

一定 yídìng　きっと　1

衣服 yīfu　服　6

一～就… yī～jiù…　～すると（すぐに）…　8

医生 yīshēng　医者　7

艺术 yìshù　芸術　11

以～为… yǐ～wéi…　～を…とする　4

一些 yìxiē　（不定の数量を表す）いくつかの　2

饮料 yǐnliào 飲み物 6
饮食 yǐnshí 飲食 2
因为～ yīnwèi～
（原因・理由を示し）～のために 1
阴险 yīnxiǎn 陰険である **
印象 yìnxiàng 印象 11
应该 yīnggāi ～するべきだ、～はずだ 9
勇敢 yǒnggǎn 勇敢である 8
有名 yǒumíng 有名である 4
尤其 yóuqí とりわけ、特に 6
游泳 yóuyǒng 泳ぐ 2
优秀 yōuxiù 優秀である 11
预报 yùbào 予報する、予報 11
语言 yǔyán 言語 2
原来如此 yuánlái rúcǐ なるほど 3
粤 yuè 広東省の別称 5
月饼 yuèbing 月餅 3
越来越～ yuèláiyuè～ ますます～ 6
运动 yùndòng 運動、運動する 2

Z

则 zé 文法事項を参照 4
怎么 zěnme どのように 4
怎么样 zěnmeyàng どうですか 11
战争 zhànzhēng 戦争 4
长大 zhǎngdà 大きくなる 4
浙 zhè 浙江省の別称 5
真的 zhēnde 本当に、本当の 10
这封信 zhèfēng xìn この手紙 10
这么 zhème こんなに 11
珍品 zhēnpǐn 貴重な品物 11
指 zhǐ 指す 5
知道 zhīdào 知っている 2
之一 zhī yī ～のひとつ 4
忠诚 zhōngchéng 忠実で正直である 8
中秋节 zhōngqiūjié 中秋節 3
中心 zhōngxīn 中心 4
中旬 zhōngxún 中旬 3
主 zhǔ 最も重要なもの 4
猪八戒 Zhūbājiè 猪八戒 12
主食 zhǔshí 主食 5
主演 zhǔyǎn 主演する 9
转转 zhuànzhuan ぶらつく 6
庄严 zhuāngyán 荘厳である 11
字幕 zìmù 字幕 1
粽子 zòngzi ちまき 3
走 zǒu 行く、歩行する 1
作家 zuòjiā 作家 11
作业 zuòyè 宿題 1

著者

新谷 秀明

王　 宇南

表紙・本文デザイン　小熊 未央

本文イラスト　小熊 未央

赤シート付　読み書き話す＋聴く

中国語の基本　ステップアップ編

検印省略

© 2021年1月31日　第1版　発行

著者　新谷 秀明　王　宇南

発行者　原　雅久

発行所　株式会社 朝日出版社

〒101-0065　東京都千代田区西神田3-3-5

電話 (03) 3239-0271・72（直通）

振替口座　東京　00140-2-46008

欧友社／図書印刷

http://www.asahipress.com

乱丁、落丁本はお取り替えいたします。

ISBN978-4-255-45345-3　C1087